AF450040

PAPE FRANÇOIS

GUÉRIR LE MONDE

Catéchèse sur la pandémie

Préface du
Cardinal Peter Kodwo Turkson

LIBRERIA EDITRICE VATICANA

PRÉFACE

L'occasion

Les jours du 21 au 26 mars 2020 ont été la période de la pire affliction de l'Italie par le virus Covid-19. Lorsque, le 27 mars, le pape François, défiant la pluie, monta seul l'esplanade de la place Saint-Pierre pour présider un moment spécial de prière en vue de mettre fin à l'infection par le virus Covid-19 qui était devenue une pandémie mondiale, il rappelait le *serviteur souffrant de Dieu* dans la prophétie d'Isaïe (*Is* 52,13-53,12), portant sur lui-même le désespoir, la douleur et la perplexité de l'humanité, affligée et terrifiée par un virus dont on savait très peu, et pour l'infection duquel il n'y avait pas de remède. Il exprima ainsi l'inquiétude collective du monde : « *La tempête démasque notre vulnérabilité et révèle ces sécurités, fausses et superflues, avec lesquelles nous avons construit nos agendas, nos projets, nos habitudes et priorités* ».[1]

Lors de la prière sur l'esplanade, le pape François a également accompli l'image du

---

[1] PAPE FRANÇOIS, *Moment extraordinaire de prière*, 27 mars 2020.

grand prêtre (*He* 5,1) qui représentait la famille humaine devant Dieu et qui non seulement présentait à Dieu sa douleur et son anxiété collectives, mais aussi cherchait auprès de Dieu la guérison et la consolation : Dieu, « *le Père plein de tendresse, le Dieu de qui vient tout réconfort* » le consolait dans son affliction, afin qu'il puisse « *réconforter tous ceux qui sont dans la détresse, grâce au réconfort* » qu'il recevait de Dieu (Cf. 2 *Co* 1,3-4). Et la *Catéchèse* qui suit représente le pape François servant l'humanité comme *consolateur* et *conseiller*, indiquant le chemin à parcourir en ce temps de la Covid-19.

Pendant les pontificats du pape François et de son prédécesseur, le pape Benoît XVI, notre monde a été confronté, et continue de faire face, aux tempêtes dues à trois (3) crises : la crise financière de 2008-2009 lors du pontificat du pape Benoît XVI, et les deux crises actuelles du changement climatique et du virus Covid-19. Les crises définissent des moments qui apportent des défis, mais aussi des opportunités. En conséquence, le pape François nous exhorte à ne pas sortir d'une crise de la même manière que nous y sommes entrés. Il nous exhorte à nous « *régénérer* » et à « *préparer l'avenir* » ! Et si nous demandons ce que nous pouvons faire avec une crise, comme le virus Covid-19, et comment *préparer l'avenir*, le pape Benoît XVI nous aide à prendre une direction. Au sujet de la crise financière de 2008, il disait : « *La crise actuelle nous oblige à reconsidérer notre itinéraire, à nous donner de nouvelles règles et à trouver de nouvelles formes d'engagement, à miser sur les expériences positives et à rejeter celles qui sont négatives. La crise devient ainsi une opportunité de discernement d'où élaborer une nouvelle vision pour l'avenir. C'est dans cette optique, confiants plutôt que résignés, qu'il convient d'affronter les difficultés du moment présent* ».[2]

Guérir le monde

Dans sa *catéchèse* lors des audiences publiques des mercredis fin août et septembre 2020, le pape François a cherché à adresser à l'Eglise et au monde des mots de consolation et à proposer des alternatives stimulantes aux anciens modes de vie, habitudes et structures sociales dont la pandémie a dévoilé le manque d'égalité et de justice, insoutenables et la nécessité de réformes drastiques pour maintenir la valeur centrale de la personne humaine. La *normalité* à laquelle le Pape voudrait que nous

---

[2] PAPE BENOÎT XVI, *Caritas in Veritate* [CV], 21.

aspirions comme disciples missionnaires, est
d'anticiper sur la terre, avec nos actions, nos
politiques et nos décisions, le Royaume de
Dieu, de justice, de paix et d'égalité entre frères
et sœurs ayant un seul Dieu comme Père. Ainsi, afin de préfigurer un monde plus juste, inclusif et durable qui peut mieux nous faire surmonter l'assaut de la pandémie de Covid-19,
le Pape nous invite à le rejoindre dans un
nouveau *voyage*. C'est *un pèlerinage* qui s'inspire de l'Évangile du Christ, notre Sauveur et
guérisseur, et qui a, comme balises, les vertus théologiques, *la foi, l'espérance* et *la charité* :
à savoir, la *certitude de notre foi en Dieu*, le créateur de toutes choses et Seigneur de l'histoire,
l'*offre généreuse de l'amour de Dieu en Christ* pour
nous et la *certitude de l'espérance dans ses promesses*. C'est donc aussi un pèlerinage de vie
vécu dans l'Église, comme « *Amour du Christ* »
et qui éclaire notre conduite, nos actions et nos
décisions dans les domaines de l'économie, de
la politique, de l'écologie et de la santé, etc., et
dont l'application aux questions de vie au fil
des années et en dialogue avec les sciences humaines et la sagesse traditionnelle ont généré
les « *Principes de la doctrine sociale de l'Église* ».[3]

---

[3] *Compendium de la Doctrine Sociale de l'Église*
[*CDSE*], Ch. 4.

Suivant le style compositionnel, popularisé par le cardinal Cardijn : « *voir, juger* et *agir* », chaque catéchèse commence par l'annonce d'un thème, suivi d'un exposé (*voir*). Puis, en référence aux Écritures (attributs du Royaume de Dieu et/ou des vertus de la *foi, espérance* et *charité*), le sens du thème est exploré (*juger*). Enfin, et en référence à la *Doctrine Sociale de l'Église*, une application du thème est présentée (*agir*). Une invitation à l'action ou une prière d'intercession sur le thème conclut la *catéchèse*.

L'invitation du Pape à *marcher* ensemble sur le chemin de la guérison d'un monde frappé par la Covid-19 et de discernement de l'avenir s'adresse à tous. Car l'expérience que fait la famille humaine de Covid-19 n'est ni locale, ni nationale, ni régionale. C'est une pandémie mondiale qui met à nu la fragilité de l'existence humaine et, ainsi, évoque notre sentiment d'interdépendance et d'interrelation. Discerner la voie de la guérison et du rétablissement de cette pandémie n'est certainement pas pour les « *loups solitaires* ». C'est une entreprise mondiale qui n'admet pas l'individualisme, qu'il soit personnel ou collectif, qu'il s'exprime sous la forme de nationalismes politiques ou d'intérêts économiques. Nos efforts mondiaux n'admettent pas non plus l'indifférence ni d'être des « *spectateurs au balcon* ». La voie pour sortir de la crise comme êtres humains meilleurs, vivant dans des sociétés plus saines est une *entreprise commune*. Cela passe par la *communion* et avec une attention spéciale aux plus faibles, aux pauvres et à la création.

La catéchèse

La *catéchèse* d'introduction présente Jésus comme le guérisseur et « *l'apôtre de notre foi* » (*He* 3,1). La guérison de Jésus révèle le Royaume de Dieu, qui à son tour inaugure une ère de grâce, dont les premiers signes sont les dons spirituels de la *foi*, de l'*espérance* et de la *charité*. Ces dons spirituels nous disposent (peuple) pour la consolation et la guérison de Dieu. En outre, ils ne nous outillent pas seulement pour apporter réconfort et guérison aux affligés (2 *Co* 1,3-5), mais ils font aussi de nous des acteurs de transformation des « *racines de nos infirmités physiques, spirituelles et sociales et de nos pratiques destructrices...* » et les bâtisseurs d'une *civilisation de l'amour*.

La deuxième *catéchèse* et l'opportunité pour la guérison s'ouvrent avec une observation de la façon dont la pandémie a dévoilé l'humanité vulnérable, mais interconnectée, et la nécessité de prendre soin des pauvres et de la terre. La vulnérabilité de la personne renvoie à d'autres maux sociaux dont il faut guérir, notamment, l'appréciation de la valeur et du caractère de la personne humaine dans de telles conditions négatives. Avec notre regard fixé sur Jésus, nous apprenons que tout comme la mort ignominieuse de Jésus sur la croix n'a pas empêché le centurion de reconnaître en lui « *le Fils de Dieu* » (*Mc* 15,39), ainsi la fragilité de la condition humaine, exposée par la Covid-19 ne doit pas obscurcir notre vision de la splendeur de la nature humaine et de sa vocation, même dans les victimes de la Covid-19. En effet, la personne humaine n'est pas seulement un être relationnel ; mais confesser un Dieu, Père qui aime tous les hommes et les femmes d'un amour infini implique de réaliser que « *Dieu leur confère par cet amour une infinie dignité* ».[4] La dignité, comme héritage suprême de la personne humaine, nous rend tous semblables : frères et sœurs (adelphoi = a-delphoi) du même sein maternel et, par conséquent, égaux en dignité. Ni la Covid-19 ni la politique de l'État ne peuvent diminuer la dignité d'un individu ; et personne

---

[4] Pape François, *Evangelii Gaudium* [EG], 178.

ne devrait être traité avec mépris ou se voir refuser l'accès aux soins de santé. Il est plutôt temps d'apprécier tous les agents de santé qui risquent la vie pour défendre la valeur de la vie et la dignité des autres.

Donnant suite à la guérison des relations dans la *catéchèse* précédente, la troisième *catéchèse* offre l'opportunité de guérir un mal social, mis en évidence par la pandémie, à savoir « l'injustice sociale », sous diverses formes d'*inégalité*, de *marginalisation* et de *discrimination*, etc., et de rappeler le principe de « *l'option préférentielle pour les pauvres* ». Ce principe est, en fait, un impératif évangélique, selon lequel tous « *sont appelés* à être instruments de Dieu pour la libération et la promotion des pauvres, de manière à ce qu'ils puissent s'intégrer pleinement dans la société ».[5] La pauvreté peut être une attitude profondément spirituelle devant Dieu dont on reçoit tout, comme don. Ainsi, elle peut être une expression de dignité devant le Dieu de l'amour. Cependant, lorsque la pandémie ou toute autre condition dans la société blesse la dignité d'autrui, le rendant ainsi moins libre et moins humain, et, par conséquent, pauvre,

---

[5] *Ibid.*, 187.

une telle pauvreté doit être évitée ou combattue, comme la pandémie elle-même et toutes les autres « *pandémies sociales* » qui l'ont causée. Le retour à la *normalité* ne peut pas inclure ces pandémies sociales. Elles doivent être soignées, comme la pandémie Covid-19 elle-même. Jésus qui est devenu pauvre, se faisant lui-même le serviteur de tous, a laissé à ses disciples un exemple et un héritage de *service d'amour* : « *Vous devez vous laver les pieds les uns aux autres* » (*Jn* 13,14). C'est ainsi que l'on soigne les épidémies de l'injustice sociale !

Le service d'amour génère *espérance* et *optimisme* qui peuvent guérir les flagrantes inégalités mises en évidence par la pandémie. Ainsi, la quatrième *catéchèse* est l'opportunité de guérir des injustices à travers le principe de la *destination universelle des biens*. Comme « fruit d'une croissance économique inique » qui ignore la primauté de la personne, de sa dignité et de son bien-être dans toutes les activités, outre le bien-être de la *maison commune*, toute inégalité dans le monde est contraire au dessein de Dieu dans la création. Quand, cependant, « *travailler et garder* » (*Gn* 2,15) deviennent un *service d'amour* (intendance / soin / administration = *oikonomia*) envers la terre, ses produits sont partagés et *destinés à servir le bien-être de tous* (*Ac* 4,32-35). Ceci inclut la génération actuelle, les générations futures et la terre elle-même.

La cinquième *catéchèse* est l'occasion de guérir notre division, par une conversion de notre appartenance naturelle et de notre interdépendance dans la vertu de *solidarité* en Christ.[6] Toute personne créée par Dieu, aimée et sauvée en Christ, se réalise en créant un réseau de multiples relations d'amour, de justice et de solidarité avec les autres personnes.[7] Cette conséquence naturelle de notre nature, un être relationnel, vivant dans un réseau vivant de relations pour se soutenir et s'entraider, est également en train de se révéler vulnérable dans cette pandémie de la Covid-19. On parle des pauvres qui souffrent plus, des minorités qui meurent plus, de la solitude et des suicides, des dépressions psychologiques, de l'absence de matériel de santé en dehors de certaines régions, de l'appropriation des technologies et des vaccins par les pays, etc. Nous avons été égoïstes, individualistes et indifférents, et nous n'avons pas assez bien veillé les uns sur les autres ! Notre *Solidarité* « *demande de créer une nouvelle mentalité qui*

---

[6] Cf. Saint Pape Jean Paul II, *Sollicitudo rei socialis* [*SRS*], 38-40.
[7] CDSE, 4 ; 35.

pense en termes de communauté, de priorité de la vie de tous sur l'appropriation des biens par quelques-uns ». [8]

La sixième *catéchèse* traite de la guérison de notre monde et de notre société en général à partir de sentiments négatifs – au niveaux personnel, social, politique et national – de vaine concurrence, de rivalité, de haine, de manque de coopération, d'indifférence et d'individualisme à travers la culture d'une *civilisation de l'amour* qui promeut le *bien commun* à tous les niveaux. L'amour, comparé à la lumière, est considéré comme le premier acte de la création de Dieu. Comme amour de Dieu et amour du prochain, c'est l'accomplissement de l'alliance de Dieu avec son peuple ; et Jésus en fait la marque distinctive de ses disciples. En effet, dans les *Béatitudes* (*Lc* 6,27-36) Jésus enseigne à ses disciples à donner la priorité aux autres par amour. Un tel amour désarme le sectarisme, la concurrence, la rivalité, la haine et les dissensions : des sentiments qui militent contre la poursuite du *bien commun*, comme « *garantie du bien personnel, familial et associatif* ».[9] Et puisque « *tout chrétien est appelé à vivre cette charité, selon sa vocation et selon ses*

---

[8] *EG*, 188.
[9] CDSE, 61.

possibilités d'influence au service de la polis »,[10] personne n'est exempté de la poursuite et de la contribution au *bien commun*.

La *catéchèse* précédente avait surtout porté sur notre relation avec Dieu et avec les êtres humains (leur conduite, leur société, leurs structures et leurs institutions, etc.). Cette septième *catéchèse* est l'occasion de guérir nos relations avec la création à travers la contemplation. En effet, la première tâche confiée à la personne humaine à l'égard de la création a été de « travailler et de garder » sa maison-jardin. « Travailler » assure à la personne son alimentation. Mais, « garder » consiste à s'assurer que la maison-jardin reste un jardin : un lieu d'attention et de soins. « Garder » ou « prendre soin » alors, impliquent une responsabilité envers la maison-jardin (la création), qu'il n'a pas été facile de tenir. La violence qui est présente dans le cœur humain s'y exprime ;[11] et le traitement humain de la création a été décrit comme un *péché*.[12] En guérissant cette relation et en permettant à la personne et à la société d'assurer leur res-

---

₁₀ *CV*, 7.

¹¹ PAPE FRANÇOIS, *Laudato si', sur la sauvegarde de la maison commune* [LS], 2.

¹² *Ibid.*, 8.

ponsabilité envers la création, la *catéchèse* invite à la *contemplation* : pour reconnaître le créateur de toutes choses (*Ps* 19), son dessein pour toutes choses et la mise de toutes choses à disposition de la personne humaine, comme *don*, et pour être reconnaissant, s'en réjouir et célébrer !

Une guérison de notre monde frappé par la Covid-19, qui soit entière et en plénitude, doit être la tâche de tous ; ainsi, la huitième *catéchèse* est l'opportunité de souligner la grande urgence et la nécessité que tous doivent être aidés à contribuer, à prendre conscience et à être responsables pour le processus de guérison. Si la *solidarité* signifie que la guérison de notre monde doit être un effort commun : tous agissant ensemble pour guérir le monde, ensuite la *subsidiarité* reconnaît que dans certains cas, les gens doivent être aidés (assistance doit leur être portée = subsidium) et habilités à participer et à contribuer à cet effort conjoint. Quand c'est l'Etat qui aide les gens à jouer leur rôle, l'Etat soutient simplement les gens pour qu'ils deviennent les protagonistes de leurs rôles et responsabilités essentiels pour la guérison de notre monde, de ses institutions et de ses structures : en somme à façonner un monde meilleur.

La *catéchèse* finale conclut les indications pour guérir ce monde frappé par la Covid-19, annonçant un nouveau *chemin* pour un nouvel avenir, avec le regard toujours fixé sur le Christ, notre guérisseur. La guérison de Jésus est intégrale et saine. Tous les aspects de la personne et tous les secteurs de la vie sont touchés. Jésus nous envoie maintenant faire de même : guérir les victimes du virus SARS-Cov-2 et guérir notre société de tout ce qui la rend moins humaine. Car, le Dieu qui nous console dans toutes nos afflictions nous envoie maintenant comme consolateurs de ceux qui sont dans quelque affliction que ce soit (cf. 2 *Co* 1,3-5), et dans son Esprit pour renouveler la face de la terre !

Cardinal Peter Kodwo Turkson
Préfet
du Dicastère pour le Service
du développement humain intégral

GUÉRIR LE MONDE

Catéchèse sur la pandémie

INTRODUCTION

Chers frères et sœurs, bonjour !

La pandémie continue à provoquer des blessures profondes, en dévoilant nos vulnérabilités. Dans tous les continents il y a de nombreux morts et de très nombreux malades. Un grande nombre de personnes et de familles vivent une période d'incertitude, à cause des problèmes socio-économiques, qui frappent en particulier les plus pauvres.

C'est pourquoi nous devons garder notre regard solidement fixé sur Jésus (cf. *He* 12, 2) et avec cette *foi* embrasser l'*espérance* du Royaume de Dieu que Jésus lui-même nous apporte (cf. *Mc* 1, 5 ; *Mt* 4,17).[1] Un Royaume de guérison et de salut qui est déjà présent parmi nous (cf. *Lc* 10,11). Un Royaume de justice et de paix qui se manifeste à travers des œuvres de *charité*, qui à leur tour accroissent l'espérance et renforcent la foi (cf. *1 Co* 13, 13). Dans la tradition chrétienne, *foi, espérance* et *charité* sont bien davantage que des sentiments ou des attitudes. Ce sont des vertus qui nous sont communiquées par la grâce de

---

[1] *Catéchisme de l'Église Catholique* [CEC], 2816.

l'Esprit Saint :[2] des dons qui nous guérissent et qui nous rendent guérisseurs, des dons qui nous ouvrent à des horizons nouveaux, même quand nous naviguons dans les eaux difficiles de notre temps.

Une nouvelle rencontre avec l'Evangile de la foi, de l'espérance et de l'amour nous invite à assumer un esprit créatif et renouvelé. De cette manière, nous serons en mesure de transformer les racines de nos maladies physiques, spirituelles et sociales. Nous pourrons guérir en profondeur les structures injustes et les pratiques destructrices qui nous séparent les uns des autres, menaçant la famille humaine et notre planète.

Le ministère de Jésus offre de nombreux exemples de guérison. Quand il guérit ceux qui sont atteints par la fièvre (cf. *Mc* 1, 29-34), par la lèpre (cf. *Mc* 1,40-45), par la paralysie (cf. *Mc* 2,1-12) ; quand il redonne la vue (cf. *Mc* 8,22-26 ; *Jn* 9, 1-7), la parole ou l'ouïe (cf. *Mc* 7,31-37), en réalité il ne guérit pas seulement un mal physique, mais la personne tout entière. De cette manière, il la ramène également à la communauté, guérie ; il la libère de son isolement parce qu'il l'a guérie.

---

[2] Cf. *Ibid.*, 1812-1813.

Pensons au très beau récit de la guérison du paralytique à Capharnaüm (cf. *Mc* 2, 1-12), que nous avons entendu au début de l'audience. Alors que Jésus prêche à l'entrée de la maison, quatre hommes portent leur ami paralytique auprès de Jésus ; et ne pouvant pas entrer, parce qu'il y avait une grande foule, il font un trou dans le toit et font passer le grabat devant lui qui est en train de prêcher. « Jésus, voyant leur foi, dit au paralytique : "Mon enfant, tes péchés sont remis"» (v. 5). Et ensuite, comme signe visible, il ajoute : « Lève-toi, prends ton grabat et va-t'en chez toi » (v. 11).

Quel merveilleux exemple de guérison ! L'action du Christ est une réponse directe à la foi de ces personnes, à l'espérance qu'elles reposent en Lui, à l'amour qu'elles démontrent avoir les unes pour les autres. Jésus guérit donc, mais il ne guérit pas seulement la paralysie, il guérit tout, il pardonne les péchés, il renouvelle la vie du paralytique et de ses amis. Il fait naître à nouveau, pourrions-nous dire. Une guérison physique et spirituelle, en même temps, fruit d'une rencontre personnelle et sociale. Imaginons à quel point cette amitié et la foi de toutes les personnes présentes dans cette maison s'est accrue grâce au geste de Jésus. La rencontre qui guérit avec Jésus !

Nous nous demandons alors : de quelle manière pouvons-nous aider notre monde à guérir aujourd'hui ? En tant que disciples du Seigneur Jésus, qui est médecin des âmes et des corps, nous sommes appelés à continuer « son œuvre de guérison et de salut »[3] au sens physique, social et spirituel.

L'Eglise, bien qu'elle administre la grâce du Christ qui guérit à travers les sacrements, et bien qu'elle organise des services sanitaires dans les lieux les plus reculés de la planète, n'est pas experte dans la prévention ou dans le soin de la pandémie. Et elle ne donne pas non plus des indications socio-politiques spécifiques.[4] C'est la tâche des dirigeants politiques et sociaux. Toutefois, au cours des siècles, et à la lumière de l'Evangile, l'Eglise a développé certains principes sociaux qui sont fondamentaux,[5] des principes qui peuvent nous aider à aller de l'avant, pour préparer l'avenir dont nous avons besoin. Je cite les principaux, étroitement liés entre eux : le principe de la dignité de la personne, le principe du bien commun, le principe de l'option préférentielle pour les pauvres, le principe de

---

[3] *CEC*, 1421.

[4] Cf. S. PAUL VI, Lett. ap. *Octogesima adveniens* [*OA*], 14 mai 1971, 4.

[5] Cf. *CDSC*, nn. 160-208.

la destination universelle des biens, le principe de la solidarité, de la subsidiarité, le principe de la sauvegarde de notre maison commune. Ces principes aident les dirigeants, les responsables de la société à faire progresser la croissance et aussi, comme dans ce cas de pandémie, la guérison du tissu personnel et social. Tous ces principes expriment, de manière différente, les vertus de la foi, de l'espérance et de l'amour.

Dans les prochaines semaines, je vous invite à affronter ensemble les questions pressantes que la pandémie a mises en évidence, en particulier les maladies sociales. Et nous le ferons à la lumière de l'Evangile, des vertus théologales et des principes de la doctrine sociale de l'Eglise. Nous explorerons ensemble la manière dont notre tradition sociale catholique peut aider la famille humaine à guérir ce monde qui souffre de graves maladies. Mon désir est de réfléchir et de travailler tous ensemble, en tant que disciples de Jésus qui guérit, pour construire un monde meilleur, plein d'espérance pour les générations futures.[6]

Audience générale, 5 août 2020, Bibliothèque du palais apostolique

---

[6] Cf. Exhort. ap. *Evangelii gaudium* [*EG*], 24 novembre 2013, n. 183.

Notes pour les chefs de groupe
et les catéchistes

Ces questions sont proposées pour guider la réflexion, à la fois comme méditation personnelle et réflexion de groupe – groupes de prière, paroisses, catéchisme, groupes œcuméniques ou bénévoles, ou tout groupe de personnes de bonne volonté soucieux du destin de l'humanité et de notre maison commune. Dans ce dernier cas, selon les règlements COVID en vigueur dans votre région, vous pourrez mener la réflexion en personne, ou en ligne. Nous vous suggérons de demander à chaque membre du groupe de lire la catéchèse hebdomadaire avant la réunion, ou de regarder la vidéo, afin qu'ils aient le temps de réfléchir attentivement avant de se rencontrer. Vous pouvez également leur donner les questions de réflexion à l'avance. Vous n'avez pas à répondre à toutes les questions, cela dépendra du temps dont vous disposez, et de ce qui vous semble le plus important.

Au début de la session, laissez un peu de temps pour la prière, et concluez les réflexions par une autre prière.

RÉFLEXIONS DE CATÉCHÈSE

1. Quel mot ou quelle phrase vous touche-t-il le plus lorsque vous lisez ce texte ?

2. Quels signes d'espoir pouvez-vous voir dans votre vie et dans la vie de votre communauté en ce moment ? Où voyez-vous la compassion et le soin en action ?

3. Quels défis pensez-vous que votre communauté locale affronte en ce moment ?

4. Le pape François suggère que le monde a besoin de guérison. De quelle façon pourriez-vous, votre famille, vos amis et votre communauté aider à guérir notre monde ? Pensez à une ou deux idées concrètes.

5. Le pape François énumère un certain nombre de principes clés : le principe de la dignité de la personne, le principe du bien commun, le principe de l'option préférentielle pour les pauvres, le principe de la destination universelle des biens, le principe de la solidarité, de la subsidiarité, le principe du soin de notre maison commune. Lequel de ces principes connaissez-vous le mieux ? Sur lesquels êtes-vous plus impatients d'en apprendre davantage ?

6. Quels changements aideraient le plus à réaliser un monde meilleur ? Par exemple, plus de respect pour la nature ; moins de dégâts à l'environnement ; de meilleurs emplois pour tous ; un revenu universel de base pour tout le monde ?

7. Qu'est-ce que cela signifie pour nos attitudes envers les autres personnes de réaliser que nous sommes tous membres d'une
   même famille humaine ?

Foi et dignité humaine

Chers frères et sœurs, bonjour !

La pandémie a mis en évidence combien nous sommes tous vulnérables et interconnectés. Si nous ne prenons pas soin les uns des autres, à partir des derniers, de ceux qui sont le plus frappés, y compris la création, nous ne pouvons pas guérir le monde.

Il faut louer l'engagement de nombreuses personnes qui, au cours de ces mois, manifestent l'amour humain et chrétien envers leur prochain, en se consacrant aux malades également au risque de leur santé. Ce sont des héros ! Toutefois, le coronavirus n'est pas l'unique maladie à combattre, mais la pandémie a porté à la lumière de plus amples pathologies sociales. L'une de celles-ci est la vision déformée de la personne, un regard qui ignore sa dignité et son caractère relationnel. Parfois, nous regardons les autres comme des objets, à utiliser et à rejeter. En réalité, ce type de regard aveugle et fomente une culture du rebut individualiste et agressive, qui transforme l'être humain en un bien de consommation.[1]

A la lumière de la foi, nous savons, en revanche, que Dieu regarde l'homme et la femme d'une autre façon. Il nous a créés non pas comme des objets, mais comme des personnes aimées et capables d'aimer ; il nous a créés à son image et ressemblance (cf. *Gn* 1, 27). De cette façon, il nous a donné une dignité unique, en nous invitant à vivre en communion avec Lui, en communion avec nos sœurs et nos frères, dans le respect de toute la création. En communion, en harmonie, nous pouvons dire. La création est une harmonie dans laquelle nous sommes appelés à vivre. Et dans cette communion, dans cette harmonie qui est communion, Dieu nous donne la capacité de procréer et d'être les gardiens de la vie (cf. *Gn* 1, 28-29), de travailler et de prendre soin de la terre (cf. *Gn* 2, 15).[2] On comprend que l'on ne peut procréer et être les gardiens de la vie sans harmonie ; elle sera détruite.

Nous avons un exemple de ce regard individualiste, celui qui n'est pas harmonie, dans les Evangiles, dans la requête faite à Jésus par la mère des disciples Jacques et Jean

---

[1] Cf. *EG*, n. 53 ; Enc. *Laudato si'* [*LS*], n. 22.
[2] *LS*, n. 67.

(cf. *Mt* 20, 20-28). Elle voudrait que ses fils puissent s'asseoir à la droite et la gauche du nouveau roi. Mais Jésus propose un autre type de vision : celle du service et de donner sa vie pour les autres, et il la confirme en rendant immédiatement la vue à deux aveugles et en faisant d'eux ses disciples (cf. *Mt* 20, 29-34). Chercher la réussite à tout prix dans la vie, à être supérieurs aux autres, détruit l'harmonie. C'est la logique de la domination, de dominer les autres. L'harmonie est une autre chose : c'est le service.

Demandons donc au Seigneur de nous donner des yeux attentifs à nos frères et sœurs, en particulier à ceux qui souffrent. En tant que disciples de Jésus, nous ne voulons pas être indifférents, ni individualistes, ce sont deux mauvaises attitudes contre l'harmonie. Indifférent : je détourne mon regard. Individualistes : ne regarder que son propre intérêt. L'harmonie créée par Dieu nous demande de regarder les autres, les besoins des autres, les problèmes des autres, d'être en communion. Nous voulons reconnaître en chaque personne, quelles que soient sa race, sa langue ou sa condition, la dignité humaine. L'harmonie te conduit à reconnaître la dignité humaine, l'harmonie créée par Dieu, avec l'homme au centre.

Le Concile Vatican II souligne que cette dignité est inaliénable, parce qu'elle « a été créée à l'image de Dieu ».[3] Elle est au fondement de toute la vie sociale et en détermine les principes opératifs. Dans la culture moderne, la référence la plus proche au principe de la dignité inaliénable de la personne est la Déclaration universelle des droits de l'homme, que saint Jean-Paul II a définie comme une « pierre milliaire placée sur le chemin long et difficile du genre humain »,[4] et comme l'« une des plus hautes expressions de la conscience humaine ».[5] Les droits ne sont pas seulement individuels, mais également sociaux, ils sont des peuples, des nations.[6] En effet, l'être humain, dans sa dignité personnelle, est un être social, créé à l'image de Dieu Un et Trine. Nous sommes des êtres sociaux, nous avons besoin de vivre dans cette harmonie sociale, mais quand il y a l'égoisme, notre regard ne se porte pas sur les autres, sur la communauté, mais il se reporte sur nous-mêmes, et cela

---

[3] Const. past. *Gaudium et spes* [GS], n. 12.

[4] *Discours à l'assemblée générale des Nations Unies*, 2 octobre 1979, n. 7.

[5] *Discours à l'assemblée générale des Nations Unies*, 5 octobre 1995, n. 2.

[6] Cf. *CDSC*, n. 157.

nous rend mauvais, méchants, égoïstes, en détruisant l'harmonie.

Cette conscience renouvelée de la dignité de tout être humain a de sérieuses implications sociales, économiques et politiques. Regarder son frère et toute la création comme don reçu de l'amour du Père suscite un comportement d'attention, de soin et d'émerveillement. Ainsi, le croyant, en contemplant son prochain comme un frère et non comme un étranger, le regarde avec compassion et empathie, et non avec mépris ou inimitié. Et en contemplant le monde à la lumière de la foi, il s'engage en vue de développer, avec l'aide de la grâce, sa créativité et son enthousiasme pour résoudre les drames de l'histoire. Il conçoit et développe ses capacités comme des responsabilités qui découlent de sa foi,[7] comme des dons de Dieu à placer au service de l'humanité et de la création.

Alors que nous travaillons tous au traitement d'un virus qui frappe tout le monde de façon indistincte, la foi nous exhorte à nous engager sérieusement et activement pour lutter contre l'indifférence face aux violations de la dignité humaine. Cette culture

---

[7] *Ibid.*

de l'indifférence qui accompagne la culture du rebut : les choses qui ne me touchent pas ne m'intéressent pas. La foi exige toujours de nous laisser guérir et convertir de notre individualisme, tant personnel que collectif ; un individualisme de parti, par exemple.

Puisse le Seigneur « nous rendre la vue » pour redécouvrir ce que signifie être membres de la famille humaine. Et puisse ce regard se traduire en actions concrètes de compassion et de respect pour chaque personne et de soin et de sauvegarde pour notre maison commune.

Audience générale, 12 août 2020, Bibliothèque du palais apostolique

RÉFLEXIONS DE CATÉCHÈSE

1. Quel mot ou quelle phrase vous touche-t-il le plus lorsque vous lisez ce texte ?

2. Connaissez-vous quelqu'un que vous décririez comme un héros - quelqu'un qui a fait un effort supplémentaire pour aider les autres pendant cette pandémie ? Qu'a-t-il fait ?

3. Comment décririez-vous la différence entre une culture individualiste et une culture de communauté ? Pourriez-vous donner un exemple ?

4. Qu'est-ce qu'il faudrait changer avant de pouvoir vivre d'une manière qui respecte la dignité de la création ? Quels changements pourriez-vous apporter dans votre propre vie qui réduiraient la destruction quotidienne de l'environnement ?

5. Quels groupes de personnes dans votre pays sont victimes de discrimination et de préjugés ? Par exemple, comment votre pays traite-t-il les réfugiés ? Ou les sans-abri ? Comment pourrions-nous mieux suivre l'exemple de Jésus dans notre manière de traiter les autres ?

6. Qui est votre voisin ? Comment pouvez-vous répondre au mieux aux paroles du pape François et accroître l'harmonie dans votre propre voisinage ?

7. Quelles mesures concrètes pourriez-vous prendre en tant que communauté pour exprimer de la compassion envers ceux qui sont dans le besoin, localement et globalement ? Et que pourriez-vous faire pour montrer votre soin pour notre maison commune, la terre ?

L'OPTION PRÉFÉRENTIELLE POUR LES PAUVRES ET LA VERTU DE LA CHARITÉ

Chers frères et sœurs, bonjour !

La pandémie a dévoilé la situation difficile des pauvres et la grande inégalité qui règne dans le monde. Et si le virus ne fait pas d'exception entre les personnes, il a trouvé, sur son chemin dévastateur, de grandes inégalités et discriminations. Et il les a accrues !

La réponse à la pandémie est donc double. D'un côté, il est indispensable de trouver un traitement à un virus petit mais terrible, qui met à genoux le monde entier. De l'autre, nous devons soigner un grand virus, celui de l'injustice sociale, de l'inégalité d'opportunités, de la marginalisation et du manque de protection des plus faibles. Dans cette double réponse de guérison, il existe un choix qui, selon l'Evangile, ne peut manquer : c'est l'*option préférentielle pour les pauvres*.[1] Et cela n'est pas une option politique ; ni même une option idéologique, une option de parti. L'option préférentielle pour les pauvres est au

---

[1] Cf. *EG*, n. 195.

centre de l'Evangile. Et le premier à l'avoir réalisée a été Jésus ; nous l'avons entendu dans
le passage de la Lettre aux Corinthiens qui a
été lue au début. De riche, il s'est fait pauvre
pour nous enrichir. Il est devenu l'un de nous
et pour cela, au centre de l'Evangile, au centre
de l'annonce de Jésus, il y a cette option.

Le Christ lui-même, qui est Dieu, s'est
dépouillé, se rendant semblable aux hommes ;
et il n'a pas choisi une vie de privilège, mais
il a choisi la condition de serviteur (cf. *Ph* 2,
6-7). Il s'anéantit en devenant serviteur. Il
est né dans une famille humble et a travaillé
comme artisan. Au début de sa prédication, il
a annoncé que dans le Royaume de Dieu, les
pauvres sont bienheureux (cf. *Mt* 5, 3 ; *Lc* 6,
20).[2] Il était parmi les malades, les pauvres et
les exclus, en leur manifestant l'amour miséricordieux de Dieu.[3] Et très souvent, il a été jugé
comme un homme impur parce qu'il allait
rendre visite aux malades, aux lépreux, qui,
selon la loi de l'époque, étaient impurs. Et il a
pris des risques pour être proche des pauvres.

C'est pourquoi les fidèles de Jésus se reconnaissent par leur proximité aux pauvres,
aux petits, aux malades et aux prisonniers, aux

---

[2] *EG*, n. 197.
[3] Cf. *CEC*, n. 2444.

exclus et aux oubliés, à ceux qui sont privés de nourriture et de vêtements (cf. *Mt* 25, 31-36).[4] Nous pouvons lire ce célèbre paramètre sur lequel nous serons tous jugés, nous serons tous jugés. Il est dans Matthieu, chapitre 25. Cela est un *critère-clé d'authenticité chrétienne* (cf. *Ga* 2, 10).[5] Certains pensent, à tort, que cet amour préférentiel pour les pauvres est un devoir pour une poignée de personnes, mais en réalité c'est la mission de toute l'Eglise, disait Jean-Paul II.[6] « Chaque chrétien et chaque communauté sont appelés à être instruments de Dieu pour la libération et la promotion des pauvres ».[7]

La foi, l'espérance et l'amour nous poussent nécessairement vers cette préférence pour les plus nécessiteux,[8] qui va au-delà de l'assistance, bien que nécessaire.[9] Elle implique en effet de marcher ensemble, de se laisser évangéliser par eux, qui connaissent bien le Christ souffrant, de se laisser « conta-

---

[4] *CEC*, n. 2443.

[5] *EG*, n. 195.

[6] Cf. S. JEAN-PAUL II, Enc. *Sollicitudo rei socialis* [*SRS*], n. 42.

[7] *EG*, n. 197.

[8] Cf. CONGRÉGATION POUR LA DOCTRINE DE LA FOI, *Instruction sur certains aspects de la « Théologie de la libération »*, [1984], chap. V.

[9] Cf. *EG*, n. 198.

miner » par leur expérience de salut, par leur sagesse et par leur créativité.[10] Partager avec les pauvres signifie s'enrichir réciproquement. Et, s'il existe des structures sociales malades qui les empêchent de rêver à l'avenir, nous devons œuvrer ensemble pour les guérir, pour les changer.[11] Et c'est à cela que conduit l'amour du Christ, qui nous a aimés jusqu'au bout (cf. *Jn* 13, 1) et qui arrive jusqu'aux extrémités, aux limites, aux frontières existentielles. Apporter les périphéries au centre signifie centrer notre vie dans le Christ, qui « s'est fait pauvre » pour nous, pour nous enrichir « par sa pauvreté » (2 *Co* 8, 9).[12]

Nous sommes tous préoccupés par les conséquences sociales de la pandémie. Tous. De nombreuses personnes veulent revenir à la normalité et reprendre leurs activités économiques. Certes, mais cette « normalité » ne devrait pas inclure les injustices sociales et la dégradation de l'environnement. La pandémie est une crise et on ne sort pas pareils d'une crise : nous sortons meilleurs ou nous sortons pires. Nous devrions sortir meilleurs pour amélio-

---

[10] Cf. *ibid.*

[11] Cf. *ibid.*, n. 195.

[12] BENOÎT XVI, *Discours d'inauguration de la Vème Conférence générale de l'épiscopat latino-américain et des Caraïbes* [13 mai 2007], p. 3.

rer les injustices sociales et la dégradation de
l'environnement. Aujourd'hui, nous avons
une occasion de construire quelque chose
de différent. Par exemple, nous pouvons développer une économie de développement
intégral des pauvres, et non d'assistanat. En
disant cela, je ne veux pas condamner l'assistance, les œuvres d'assistance sont importantes. Pensons au bénévolat, qui est l'une
des plus belles structures de l'Eglise italienne.
Mais nous devons aller au-delà et résoudre les
problèmes qui nous poussent à apporter une
assistance. Une économie qui n'ait pas recours
à des remèdes qui en réalité empoisonnent la
société, comme les rendements dissociés de la
création de postes de travail dignes.[13] Ce type
de profit est dissocié de l'économie réelle,
celle qui devrait apporter un bénéfice aux
personnes communes,[14] et semble parfois indifférent aux dommages infligés à la maison
commune. L'option préférentielle pour les
pauvres, cette exigence éthique et sociale qui
provient de l'amour de Dieu,[15] nous donne
l'élan de penser et de concevoir une économie
où les personnes, et surtout les pauvres, sont

---

[13] Cf. *EG*, n. 204.
[14] Cf. *LS*, n. 109.
[15] Cf. *ibid.*, n. 158.

au centre. Et elle nous encourage également à projeter le traitement du virus en privilégiant ceux qui en ont le plus besoin. Ce serait triste si, avec le vaccin pour le Covid-19, on donnait la priorité aux plus riches ! Ce serait triste si ce vaccin devenait la propriété de tel ou tel pays et s'il n'était pas universel et pour tous. Et quel scandale cela serait si toute l'assistance économique que nous observons – dont la majorité est issue de l'argent public – était concentrée à sauver les industries qui ne contribuent pas à l'inclusion des exclus, à la promotion des derniers, au bien commun ou à la sauvegarde de la création.[16] Ce sont des critères pour choisir quelles seront les industries à aider : celles qui contribuent à l'inclusion des exclus, à la promotion des derniers, au bien commun et à la sauvegarde de la création. Quatre critères.

Si le virus devait s'intensifier à nouveau dans un monde injuste pour les pauvres et les plus vulnérables, nous devons changer ce monde. Avec l'exemple de Jésus, le médecin de l'amour divin intégral, c'est-à-dire de la guérison physique, sociale et spirituelle (cf. *Jn* 5, 6-9) – comme l'était la guérison qu'accomplissait Jésus – nous devons agir à présent, pour guérir les épidémies provoquées

---

[16] *Ibid.*

par de petits virus invisibles et pour guérir celles provoquées par les grandes et invisibles injustices sociales. Je propose que cela soit fait à partir de l'amour de Dieu, en plaçant les périphéries au centre et les derniers à la première place. Il ne faut pas oublier ce paramètre sur lequel nous serons jugés, Matthieu, chapitre 25. Mettons-le en pratique en cette reprise de l'épidémie. Et à partir de cet amour concret, ancré à l'espérance et fondé dans la foi, un monde plus sain sera possible. Dans le cas contraire, nous sortirons pires de la crise. Que le Seigneur nous aide, qu'il nous donne la force de sortir meilleurs, en répondant aux nécessités du monde d'aujourd'hui.

Audience générale, 19 août 2020, Bibliothèque du palais apostolique

RÉFLEXIONS DE CATÉCHÈSE

1. Quel mot ou quelle phrase vous touche-t-il le plus lorsque vous lisez ce texte ?
2. Qu'avez-vous vu de beau cette semaine ? Avez-vous vu des exemples de personnes qui aident les autres ?
3. A votre avis, de quelle façon la COVID-19 a-t-elle rendu les inégalités plus évidentes

et, de quelles manières les a-t-elle rendues même pires ? Quels impacts négatifs pouvez-vous voir sur la vie des personnes vivant dans la pauvreté ?

4. Qu'est-ce qui empêche les gens qui vivent dans la pauvreté de réaliser leurs rêves pour l'avenir ? Par exemple, dans votre pays, y-a-t-il de bons soins de santé et une bonne éducation accessibles à tous, riches et pauvres ? Est-ce que tout le monde a un endroit sûr et abordable où vivre ?

5. À quoi cela ressemble-t-il de prendre le parti des pauvres ? Pouvez-vous parler d'un moment où vous avez pris le parti des pauvres, ou quand vous avez vu quelqu'un d'autre le faire ? Qui sont les pauvres ? Pouvez-vous penser à des saints qui étaient particulièrement proches des pauvres ?

6. Qu'est-ce qui rend un travail « digne » ? Quelles conditions rendent un travail moins digne ?

7. Comment pouvez-vous, votre famille et votre groupe contribuer à la guérison du monde ? A quoi cela ressemblerait-il de suivre l'exemple de Jésus en étant proche des pauvres et des exclus ? Qu'est-ce que votre communauté fait déjà pour soutenir les plus pauvres et les plus exclus ?

LA DESTINATION UNIVERSELLE DES BIENS ET LA VERTU DE L'ESPÉRANCE

Chers frères et sœurs, bonjour !

Face à la pandémie et à ses conséquences sociales, de nombreuses personnes risquent de perdre l'espérance. En ce temps d'incertitude et d'angoisse, j'invite chacun à accueillir le don de l'*espérance* qui vient du Christ. C'est Lui qui nous aide à naviguer dans les eaux tumultueuses de la maladie, de la mort et de l'injustice, qui n'ont pas le dernier mot sur notre destination finale.

La pandémie a souligné et aggravé les problèmes sociaux, en particulier l'inégalité. Certains peuvent travailler à la maison, tandis que pour de nombreux autres, cela est impossible. Certains enfants, en dépit des difficultés, peuvent continuer à recevoir une éducation scolaire, tandis que pour de très nombreux autres, celle-ci s'est brusquement interrompue. Certains pays puissants peuvent émettre de la monnaie pour affronter l'urgence, tandis que pour d'autres, cela signifierait hypothéquer leur avenir.

Ces symptômes d'inégalité révèlent une maladie sociale ; c'est un virus qui vient d'une économie malade. Nous devons le dire simplement : l'économie est malade. Elle est tombée malade. C'est le fruit d'une croissance économique inique – voilà la maladie : le fruit d'une croissance économique inique – qui ne tient pas compte des valeurs humaines fondamentales. Dans le monde d'aujourd'hui, quelques personnes très riches possèdent plus que tout le reste de l'humanité. Je répète cela parce que cela nous fera réfléchir : quelques personnes très riches, un petit groupe, possèdent plus que tout le reste de l'humanité. C'est une pure statistique. C'est une injustice qui crie au ciel ! Dans le même temps, ce modèle économique est indifférent aux dommages infligés à la maison commune. On ne prend pas soin de la maison commune. Nous allons bientôt dépasser un grand nombre des limites de notre merveilleuse planète, avec des conséquences graves et irréversibles : de la perte de biodiversité et du changement climatique à l'élévation du niveau des mers et à la destruction des forêts tropicales. L'inégalité sociale et la dégradation de l'environnement vont de pair et ont la même racine :[1] celle du péché de vouloir posséder, de vouloir domi-

---

[1] Cf. *LS*, n. 101.

ner ses frères et sœurs, de vouloir posséder et dominer la nature et Dieu même. Mais cela n'est pas le dessein de la création.

« Au commencement, Dieu a confié la terre et ses ressources à la gérance commune de l'humanité ».[2] Dieu nous a demandé de dominer la terre en son nom (cf. *Gn* 1, 28), en la cultivant et en en prenant soin comme un jardin, le jardin de tous (cf. *Gn* 2, 15). « Alors que "cultiver" signifie labourer, […] ou travailler, "garder" signifie protéger, [et] sauvegarder ».[3] Mais attention à ne pas interpréter cela comme une carte blanche pour faire de la terre ce que l'on veut. Non. Il existe « une relation de réciprocité responsable »[4] entre nous et la nature. Une relation de réciprocité responsable entre nous et la nature. Nous recevons de la création et nous donnons à notre tour. « Chaque communauté peut prélever de la bonté de la terre ce qui lui est nécessaire pour survivre, mais elle a aussi le devoir de la sauvegarder ».[5] Les deux choses.

---

2 *CEC*, n. 2402.
3 *LS*, n. 67.
4 *Ibid.*
5 *Ibid.*

En effet, la terre « nous précède et nous a été donnée »,[6] elle a été donnée par Dieu « à tout le genre humain ».[7] Il est donc de notre devoir de faire en sorte que ses fruits arrivent à tous, et pas seulement à quelques-uns. Et cela est un élément-clé de notre relation avec les biens terrestres. Comme le rappelaient les pères du Concile Vatican II, « l'homme, dans l'usage qu'il en fait, ne doit jamais tenir les choses qu'il possède légitimement comme n'appartenant qu'à lui, mais les regarder aussi comme communes : en ce sens qu'elles puissent profiter non seulement à lui, mais aussi aux autres ».[8] En effet, « la propriété d'un bien fait de son détenteur un administrateur de la Providence pour le faire fructifier et en communiquer les bienfaits à autrui ».[9] Nous sommes administrateurs des biens, pas les propriétaires. Administrateurs. « Oui, mais ce bien est à moi ». C'est vrai, il est à toi, mais pour l'administrer, par pour le garder de façon égoïste pour toi.

Pour assurer que ce que nous possédons apporte de la valeur à la communauté, « l'autorité politique a le droit et le devoir de régler,

---

[6] *Ibid.*
[7] *CEC*, n. 2402.
[8] *GS*, n. 69.
[9] *CEC*, n. 2404.

en fonction du bien commun, l'exercice légitime du droit de propriété ».[10] La « subordination de la propriété privée à la *destination universelle des biens* [...] est une "règle d'or" du comportement social, et le premier principe de tout l'ordre éthico-social ».[11]

Les propriétés, l'argent sont des instruments qui peuvent servir à la mission. Mais nous les transformons facilement en fins, individuelles ou collectives. Et lorsque cela a lieu, on porte atteinte aux valeurs humaines essentielles. L'*homo sapiens* se déforme et devient une espèce d'*homo œconomicus* – dans le mauvais sens du terme – individualiste, calculateur et dominateur. Nous oublions que, étant créés à l'image et ressemblance de Dieu, nous sommes des êtres sociaux, créatifs et solidaires, avec une immense capacité à aimer. Nous oublions souvent cela. De fait, nous sommes les êtres les plus coopératifs parmi toutes les espèces, et nous nous épanouissons en communauté, comme on le voit bien dans l'expérience des saints (« *Florecemos en racimo, como los santos* » : une

---

[10] *Ibid.*, n. 2406 ; Cf. *GS*, 71 ; *SRS*, n. 42 ; Lett. enc. *Centesimus annus* [CA], nn. 40.48.

[11] *LS*, n. 93 ; Cf. S. Jean-Paul II, Lett. enc. *Laborem exercens* [LE], n. 19.

expression commune en espagnol). Il y a un dicton espagnol qui m'a inspiré cette phrase, et qui dit : *Florecemos en racimo, como los santo.* Nous nous épanouissons en communauté, comme on le voit dans l'expérience des saints.

Quand l'obsession de posséder et de dominer exclut des millions de personnes des biens primaires ; quand l'inégalité économique et technologique est telle qu'elle déchire le tissu social ; et quand la dépendance vis-à-vis d'un progrès matériel illimité menace la maison commune, alors nous ne pouvons pas rester impassibles. Non, cela est désolant. Nous ne pouvons pas rester impassibles ! Avec le regard fixé sur Jésus (cf. *He* 12, 2) et la certitude que son amour œuvre à travers la communauté de ses disciples, nous devons agir tous ensemble, dans l'espérance de donner naissance à quelque chose de différent et de meilleur. L'espérance chrétienne, enracinée en Dieu, est notre ancre. Elle soutient la volonté de partager, en renforçant notre mission en tant que disciples du Christ, qui a tout partagé avec nous.

Et cela, les premières communautés chrétiennes, qui comme nous, vécurent des temps difficiles, l'ont compris. Conscientes de former un seul cœur et une seule âme, elles mettaient tous leurs biens en commun, en témoignant de la grâce abondante du Christ sur elles (cf. *Ac* 4, 32-35). Nous vivons actuellement une crise. La pandémie nous a tous plongés dans une crise. Mais rappelez-vous : on ne peut pas sortir pareils d'une crise, ou bien l'on sort meilleurs, ou bien l'on sort pires. C'est l'option qui se présente à nous. Après la crise, est-ce que nous continuerons avec ce système économique d'injustice sociale et de mépris pour la sauvegarde de l'environnement, de la création, de la maison commune ? Réfléchissons-y. Puissent les communautés chrétiennes du vingt-et-unième siècle retrouver cette réalité – la sauvegarde de la création et la justice sociale : elles vont de pair – en témoignant ainsi de la Résurrection du Seigneur. Si nous prenons soin des biens que le Créateur nous donne, si nous mettons en commun ce que nous possédons de façon à ce que personne ne manque de rien, alors nous pourrons véritablement inspirer l'espérance pour faire renaître un monde plus sain et plus équitable.

Et pour finir, pensons aux enfants. Lisez les statistiques : combien d'enfants, aujourd'hui, meurent de faim à cause d'une mauvaise distribution des richesses, d'un système économique que j'ai évoqué auparavant ; et combien d'enfants, aujourd'hui, n'ont pas droit à l'école, pour la même raison. Que cette image, des enfants dans le besoin à cause de la faim et du manque d'éducation, nous aide à comprendre que nous devrons sortir meilleurs de cette crise. Merci.

Audience générale, 26 août 2020, Bibliothèque du palais apostolique

RÉFLEXIONS DE CATÉCHÈSE

1. Quel mot ou quelle phrase vous touche-t-il le plus lorsque vous lisez ce texte ?

2. Pouvez-vous penser à un moment où vous avez partagé quelque chose avec quelqu'un d'autre ? Qu'avez-vous ressenti ?

3. Que pensez-vous de cette statistique – que juste une minorité de personnes possède plus que tout le reste de l'humanité ? Quelles idées avez-vous qui changeraient cela, de sorte que plus de gens puissent avoir assez de ce dont ils ont besoin pour vivre ?

4. Y-a-t-il des signes locaux, dans votre région ou dans votre pays, des dégâts environnementaux ? Pollution de l'air ? Avez-vous de l'eau potable ? Avez-vous vu des signes de changement climatique – par exemple,

des inondations, des sécheresses ou tempêtes plus dévastatrices ?

5. Comment qualifieriez-vous un riche ? Est-ce quelqu'un qui possède sa propre maison ? Quelqu'un qui a plus d'une maison ? Quelqu'un qui conduit une voiture rapide ? Combien auriez-vous besoin de gagner pour être riche dans votre pays ? Combien avez-vous besoin de gagner juste pour vous en sortir ?

6. Qu'est-ce qu'un bon exemple de partage dans votre communauté ? Par exemple, avez-vous créé une banque alimentaire ? Pourriez-vous offrir un emploi à quelqu'un qui est au chômage ? Pourriez-vous offrir une chambre à un demandeur d'asile, ou une douche gratuite pour un sans-abri ? Quelles sont vos idées ?

7. En quoi le fait de prendre soin de la création et d'opérer la justice sociale témoigne-t-il de la Résurrection du Seigneur ? Prendre soin de la création et nourrir les enfants affamés est-ce un bon moyen de faire connaître l'amour du Christ aux gens ? Quelles autres voies y a-t-il ? Quelles méthodes ont selon vous le plus d'impact ?

La solidarité et la vertu de la foi

Chers frères et sœurs, bonjour !

Après tant de mois, nous reprenons notre rencontre face à face et non devant un écran. Face à face. C'est beau ! L'actuelle pandémie a mis en évidence notre interdépendance : nous sommes tous liés, les uns aux autres, tant dans le mal que dans le bien. C'est pourquoi, pour sortir meilleurs de cette crise, nous devons le faire ensemble. Ensemble, pas tout seuls, ensemble. Seuls non, parce que l'on ne peut pas ! Ou on le fait ensemble, ou on ne le fait pas. Nous devons le faire ensemble, tous, dans la *solidarité*. Je voudrais souligner ce mot aujourd'hui : *solidarité*.

En tant que famille humaine, nous avons notre origine commune en Dieu ; nous habitons dans une maison commune, la planète-jardin, la terre dans laquelle Dieu nous a placés ; et nous avons une destination commune dans le Christ. Mais quand nous oublions tout cela, notre *interdépendance* devient *dépendance* de certains à l'égard d'autres – nous perdons cette harmonie de l'interdépendance dans la solidarité – qui accroît l'inégalité et la marginalisation ; le tissu social s'affaiblit et l'environnement se dégrade. Toujours la même chose. La même façon d' agir.

C'est pourquoi, *le principe de solidarité* est aujourd'hui plus que jamais nécessaire, comme l'a enseigné saint Jean-Paul II.[1] Dans un monde interconnecté, nous faisons l'expérience de ce que signifie vivre dans le même « village global ». Cette expression est belle : le grand monde n'est autre qu'un village global, parce que tout est lié. Mais nous ne transformons pas toujours cette *interdépendance* en *solidarité*. Il y a un long chemin entre l'interdépendance et la solidarité. Les égoïsmes – individuels, nationaux et des groupes de pouvoir – ainsi que les rigidités idéologiques alimentent au contraire des « structures de péché ».[2]

« Le mot "solidarité" est un peu usé et, parfois, on l'interprète mal, mais il désigne beaucoup plus que quelques actes sporadiques de générosité. C'est plus que cela ! Il demande de créer une nouvelle mentalité qui pense en termes de communauté, de priorité de la vie de tous sur l'appropriation des biens par quelques-uns ».[3] Cela signifie *solidarité*. Il ne s'agit pas seulement d'aider les autres – c'est bien de le faire, mais c'est plus que cela – il s'agit de jus-

---

[1] *SRS*, nn. 38-40.
[2] *Ibid.*, n. 36.
[3] *EG*, n. 188.

tice.[4] L'interdépendance, pour être solidaire et porter des fruits, a besoin de fortes racines dans l'humain et dans la nature créée par Dieu, elle a besoin du respect des visages et de la terre.

Dès le début, la Bible nous avertit. Pensons au récit de la Tour de Babel (cf. *Gn* 11, 1-9), qui décrit ce qui se produit quand nous cherchons à atteindre le ciel – notre objectif – en ignorant le lien avec l'humain, avec la création et avec le Créateur. C'est une façon de dire : cela arrive chaque fois que l'on veut monter, monter, sans tenir compte des autres. Moi seulement ! Pensons à la tour. Nous construisons des tours et des gratte-ciels, mais nous détruisons la communauté. Nous unifions les édifices et les langues, mais nous mortifions la richesse culturelle. Nous voulons être les maîtres de la Terre, mais nous détruisons la biodiversité et l'équilibre écologique. Je vous ai raconté au cours d'une autre audience l'histoire de ces pêcheurs de San Benedetto del Tronto qui sont venus cette année et qui m'ont dit : « Nous avons récupéré de la mer 24 tonnes de déchets, dont la moitié était du plastique ». Imaginez ! Ces hommes capturent des poissons, oui, mais ils ont aussi l'idée de capturer

____

4 Cf. *CEC*, nn. 1938-1940.

les déchets et de les extraire pour nettoyer la mer. Mais cette [pollution] signifie détruire la terre, ne pas avoir de solidarité avec la terre qui est un don et l'équilibre écologique.

Je me souviens d'un récit médiéval qui décrit ce « syndrome de Babel », qui se produit quand il n'y a pas de solidarité. Ce récit médiéval dit que, lors de la construction de la tour, quand un homme tombait – c'étaient des esclaves – et mourait, personne ne disait rien, au mieux : « Le pauvre, il s'est trompé et est tombé ». Mais si une brique tombait, tous se plaignaient. Et si quelqu'un était coupable, il était puni ! Pourquoi ? Parce qu'une brique coûtait cher à fabriquer, à préparer, à cuire. Il fallait du temps et du travail pour fabriquer une brique. Une brique valait plus que la vie humaine. Que chacun de nous pense à ce qui se produit aujourd'hui. Malheureusement, aujourd'hui aussi, quelque chose de ce genre peut se produire. Le marché financier perd quelques points – nous l'avons vu sur les journaux ces jours-ci – et la nouvelle est rapportée par toutes les agences. Des milliers de personnes tombent à cause de la faim, de la misère, et personne n'en parle.

En opposition totale à Babel, nous trouvons la Pentecôte, nous l'avons entendu au début de l'audience (cf. *Ac* 2, 1-3). L'Esprit

Saint, en descendant d'en haut comme le vent et le feu, investit la communauté enfermée au cénacle, lui insuffle la force de Dieu, la pousse à sortir et à annoncer à tous le Seigneur Jésus. L'Esprit crée l'unité dans la diversité, il crée l'harmonie. Dans le récit de la Tour de Babel, il n'y avait pas l'harmonie : il y avait le fait d'aller de l'avant pour gagner de l'argent. Là, l'homme n'était qu'un simple instrument, une simple « force de travail », mais ici, avec la Pentecôte, chacun de nous est un instrument, mais un instrument communautaire qui participe de tout son être à l'édification de la communauté. Saint François d'Assise le savait bien et, animé par l'Esprit, il donnait à toutes les personnes, et même aux créatures, le nom de frère ou sœur.[5] Même le frère loup, rappelons-nous.

Avec la Pentecôte, Dieu se fait présent et inspire la *foi* de la communauté *unie dans la diversité et dans la solidarité*. Diversité et solidarité unies dans l'harmonie, telle est la voie. Une diversité solidaire possède les « anticorps » afin que la particularité de chacun – qui est un don, unique et irrépétible – ne tombe pas malade à cause de l'individualisme, de l'égoïsme.

---

[5] Cf. *LS*, n. 11 ; cf. Saint Bonaventure, *Legenda maior*, VIII, 6 : *FF* 1145.

La diversité solidaire possède également les anticorps pour guérir les structures et les processus sociaux qui ont dégénéré en systèmes d'injustice, en systèmes d'oppression.[6] La solidarité est donc aujourd'hui la voie à parcourir vers un monde après la pandémie, vers la guérison de nos maladies interpersonnelles et sociales. Il n'y en a pas d'autre. Ou nous allons de l'avant sur la voie de la solidarité ou les choses seront pires. Je veux le répéter : on ne sort pas pareils qu'avant d'une crise. La pandémie est une crise. On sort d'une crise meilleurs ou pires. Nous devons choisir. Et la solidarité est précisément une voie pour sortir meilleurs de la crise, pas avec des changements superficiels, avec un coup de peinture comme ça tout va bien. Non ! Meilleurs !

Au milieu de la crise, une *solidarité* guidée par la *foi* nous permet de traduire l'amour de Dieu dans notre culture mondialisée, non pas en construisant des tours ou des murs – et combien de murs se construisent aujourd'hui – qui divisent mais ensuite s'écroulent, mais en tissant des communautés et en soutenant des processus de croissance véritablement humaine et solide. C'est pour cela que la so-

---

[6] Cf. *CDSC*, n. 192.

lidarité peut aider. Je pose une question : est-ce que je pense aux besoins des autres ? Que chacun réponde dans son cœur.

Au milieu des crises et des tempêtes, le Seigneur nous interpelle et nous invite à réveiller et à rendre active cette solidarité capable de donner une solidité, un soutien et un sens à ces heures où tout semble sombrer. Puisse la créativité de l'Esprit Saint nous encourager à engendrer de nouvelles formes d'accueil familial, de fraternité féconde et de solidarité universelle. Merci.

Audience générale, 2 septembre 2020, Cour Saint-Damase

Réflexions de catéchèse

1. Quel mot ou quelle phrase vous touche-t-il le plus lorsque vous lisez ce texte ?

2. Pouvez-vous penser à de bons exemples de manières dont vous ou votre groupe agissez en solidarité – soit localement, soit globalement ? Par exemple, en soutenant la Caritas, ou en faisant campagne pour des pistes cyclables ou en créant des terrains de jeux pour les enfants défavorisés.

3. De quelle façon êtes-vous interdépendants aux gens d'autres parties du monde ? Par exemple, achetez-vous des fruits des Caraïbes ou des vêtements fabriqués au Bangladesh ? Comment pouvez-vous passer du fait d'être interdépendant à celui d'être solidaire ? Quelle est la différence ?

4. Que signifie être solidaire du reste de la création ? Nettoyer les déchets plastiques est une bonne chose. Mais pourrions-nous faire plus ?

5. À quoi ressemblerait selon vous, aller de l'avant sur la voie de la solidarité ? Quels changements cela signifierait-il ? Sommes-nous prêts à renoncer à tous les avantages d'un mode de vie égoïste afin d'aider les autres ? Connaissons-nous quelqu'un qui marche déjà sur cette voie de solidarité et qui pourrait être un exemple pour nous ?

6. Pourquoi pensez-vous que tant de murs sont construits aujourd'hui ? De quoi les gens ont-ils peur ? Comment pourrions-nous aider les gens à surmonter leurs peurs et briser les murs ?

7. Vous souvenez-vous du récit de la Tour de Babel ? (*Gn* 11, 1-9). Qu'est-ce qu'il peut nous apprendre sur la solidarité ?

L'amour et le bien commun

Chers frères et sœurs, bonjour !

La crise que nous vivons à cause de la pandémie frappe tout le monde ; nous pouvons en sortir meilleurs si nous cherchons tous ensemble le *bien commun* ; dans le cas contraire, nous en sortirons pires. Malheureusement, nous assistons à l'apparition d'intérêts partisans. Par exemple, certains voudraient s'approprier de solutions possibles, comme dans le cas des vaccins et ensuite les vendre aux autres. D'autres profitent de la situation pour fomenter des divisions : pour chercher des avantages économiques ou politiques, en engendrant ou en accroissant les conflits. D'autres ne s'intéressent tout simplement pas à la souffrance d'autrui, passent outre et poursuivent leur chemin (cf. *Lc* 10, 30-32). Ce sont les fidèles de Ponce Pilate, ils s'en lavent les mains.

La réponse chrétienne à la pandémie et aux conséquentes crises socio-économiques se base sur l'*amour*, tout d'abord l'amour de Dieu qui nous précède toujours (cf. *1 Jn* 4, 19). Il nous aime le premier, Il nous précède toujours dans l'amour et dans les solutions.

Il nous aime de manière inconditionnée, et quand nous accueillons cet amour divin, alors nous pouvons répondre de manière semblable. Je n'aime pas seulement ceux qui m'aiment : ma famille, mes amis, mon groupe, mais aussi ceux qui ne m'aiment pas, j'aime aussi ceux qui ne me connaissent pas, j'aime aussi ceux qui sont des étrangers, et aussi ceux qui me font souffrir ou que je considère comme des ennemis (cf. *Mt* 5, 44). C'est la sagesse chrétienne, c'est l'attitude de Jésus. Et le point le plus élevé de la sainteté, disons ainsi, est d'aimer ses ennemis, et ce n'est pas facile. Certes, aimer tout le monde, y compris ses ennemis, est difficile – je dirais que c'est un art ! Mais un art qu'on peut apprendre et améliorer. L'amour vrai, qui nous rend féconds et libres, est toujours expansif et inclusif. Cet amour soigne, guérit et fait du bien. Bien souvent, une caresse fait plus de bien que beaucoup d'arguments, une caresse de pardon et pas tant d'arguments pour se défendre. C'est l'amour inclusif qui guérit.

L'*amour* ne se limite donc pas aux relations entre deux ou trois personnes, ou aux amis, ou à la famille, il va au-delà. Il comprend les rapports civiques et politiques,[7] y compris

---

[7] Cf. *CEC*, nn. 1907-1912.

le rapport avec la nature.[1] Etant donné que nous sommes des êtres sociaux et politiques, l'une des plus hautes expressions de l'amour est précisément celle sociale et politique, décisive pour le développement humain et pour affronter chaque type de crise.[2] Nous savons que l'amour féconde les familles et les amitiés ; mais il est bon de rappeler qu'il féconde également les relations sociales, culturelles, économiques et politiques, en nous permettant de construire une "civilisation de l'amour", comme aimait le dire saint Paul VI[3] et, dans son sillage, saint Jean-Paul II. Sans cette inspiration prévaut la culture de l'égoïsme, de l'indifférence, du rebut, c'est-à-dire mettre au rebut celui que je n'aime pas, celui que je ne peux pas aimer ou ceux qui me semblent inutiles dans la société. Aujourd'hui, à l'entrée, un couple m'a dit : "Priez pour nous, parce que nous avons un fils porteur de handicap". J'ai demandé : "Quel âge a-t-il ? – Il est grand – Et qu'est-ce que vous faites ? – Nous l'accompagnons, nous l'aidons". Toute la vie des parents donnée à ce fils porteur de han-

---

[1] *LS*, n. 231.

[2] *Ibid.*

[3] *Message pour la Xe Journée mondiale de la paix 1er janvier 1977 : AAS* 68 (1976), 709.

dicap. C'est de l'amour. Et les ennemis, les adversaires politiques, selon notre opinion, semblent être des porteurs de handicap politiques et sociaux, mais ils semblent. Dieu seul sait s'ils le sont ou pas. Mais nous devons les aimer, nous devons dialoguer, nous devons construire cette civilisation de l'amour, cette civilisation politique, sociale, de l'unité de toute l'humanité. Tout cela est l'opposé des guerres, des divisions, des envies, également des guerres en famille. L'amour inclusif est social, il est familial, il est politique : l'amour envahit tout !

Le coronavirus nous montre que le vrai bien pour chacun est un bien commun pas seulement individuel et, vice-versa, le bien commun est un vrai bien pour la personne.[4] Si une personne cherche seulement son propre bien, elle est égoïste. En revanche, la personne est davantage une personne quand elle ouvre son propre bien à tous, qu'elle le partage. La santé, outre qu'un bien individuel, est également un bien public. Une société saine est celle qui prend soin de la santé de tous.

Un virus qui ne connaît pas de barrières, de frontières ou de distinctions culturelles et politiques doit être affronté avec un *amour*

------

[4] Cf. *CEC*, nn. 1905-1906.

sans barrières, frontières ou distinctions. Cet amour peut engendrer des structures sociales qui nous encouragent à partager plutôt qu'à entrer en compétition, qui nous permettent d'inclure les plus vulnérables et de ne pas les exclure, et qui nous aident à exprimer le meilleur de notre nature humaine et non le pire. Le véritable amour ne connaît pas la culture du rebut, il ne sait pas ce que c'est. En effet, quand nous aimons et que nous engendrons la créativité, quand nous engendrons la confiance et la solidarité, c'est là qu'apparaissent des initiatives concrètes pour le bien commun.[5] Et cela vaut aussi bien au niveau des petites et des grandes communautés, qu'au niveau international. Ce que l'on fait en famille, ce que l'on fait dans le quartier, ce que l'on fait dans le village, ce que l'on fait dans la grande ville et au niveau international est la même chose : c'est la même semence qui grandit et porte du fruit. Si dans ta famille, dans ton quartier, tu commences avec l'envie, avec la lutte, à la fin il y aura la "guerre". En revanche, si tu commences avec l'amour, à partager l'amour, le pardon, alors, il y aura l'amour et le pardon pour tous.

____

[5] Cf. *SRS*, 38.

Au contraire, si les solutions à la pandémie portent l'empreinte de l'égoïsme, qu'il soit de personnes, d'entreprises ou de pays, nous pouvons peut-être sortir du coronavirus, mais certainement pas de la crise humaine et sociale que le virus a soulignée et accentuée. Faites donc attention à ne pas construire sur le sable (cf. *Mt* 7, 21-27) ! Pour construire une société saine, inclusive, juste et pacifique, nous devons le faire sur le roc du bien commun.[6] Le bien commun est un roc. Et c'est la tâche de tous, pas seulement de quelques spécialistes. Saint Thomas d'Aquin disait que la promotion du bien commun est un devoir de justice qui incombe à chaque citoyen. Chaque citoyen est responsable du bien commun. Et pour les chrétiens c'est aussi une mission. Comme l'enseigne saint Ignace de Loyola, orienter nos efforts quotidiens vers le bien commun est une manière de recevoir et de diffuser la gloire de Dieu.

Malheureusement, la politique ne jouit pas souvent d'une bonne réputation, et nous savons pourquoi. Cela ne veut pas dire que les politiciens soient tous mauvais, non, je ne veux pas dire cela. Je dis seulement que, mal-

---

6 *Ibid.,* 10.

heureusement, la politique ne jouit pas souvent d'une bonne réputation. Il ne faut cependant pas se résigner à cette vision négative, mais réagir en démontrant par les faits qu'une bonne politique est possible, et même un devoir,[7] celle qui met au centre la personne humaine et le bien commun. Si vous lisez l'histoire de l'humanité, vous trouverez beaucoup d'hommes politiques saints, qui sont allés sur cette voie. Cela est possible dans la mesure ou chaque citoyen et, en particulier qui assume des engagements et des responsabilités sociales et politiques, enracine sa propre action dans les principes éthiques et l'anime avec l'amour social et politique. Les chrétiens, en particulier les fidèles laïcs, sont appelés à donner un bon témoignage de cela et ils peuvent le faire grâce à la vertu de la charité, en cultivant sa dimension sociale intrinsèque.

Il est donc temps d'accroître notre amour social – je veux souligner cela : notre amour social –, en contribuant tous, à partir de notre petitesse. Le bien commun demande la participation de tous. Si chacun y met du sien, et si personne n'est laissé de côté, nous pourrons régénérer de bonnes relations au ni-

____

[7] Cf. *Message pour la Journée mondiale de la paix 1er janvier 2019* (8 décembre 2018).

veau communautaire, national, international et également en harmonie avec l'environnement.[8] Ainsi dans nos gestes, même les plus humbles, deviendra visible quelque chose de l'image de Dieu que nous portons en nous, parce que Dieu est Trinité, Dieu est amour. C'est la plus belle définition de Dieu de la Bible. Elle nous est donnée par l'apôtre Jean, qui aimait tant Jésus : Dieu est amour. Avec son aide, nous pouvons *guérir le monde* en travaillant tous ensemble pour le *bien commun*, pas seulement pour notre propre bien, mais pour le bien commun, de tous.

Audience générale, 9 septembre 2020, Cour Saint-Damase

RÉFLEXIONS DE CATÉCHÈSE

1. Quel mot ou quelle phrase vous touche-t-il le plus lorsque vous lisez ce texte ?
2. Quelle est, selon vous, la différence entre la recherche du bien commun ensemble et la soumission à la volonté de la majorité ? Qui perd si vous pensez seulement à la majorité ?

---

[8] Cf. *LS*, n. 236.

3. Pourquoi devrions-nous, comme catholiques ou simplement comme personnes de bonne volonté, chercher à vaincre le racisme et d'autres formes de discrimination ?

4. De quelle manière une société construite sur l'amour serait-elle différente de la société que nous avons aujourd'hui ? Pouvez-vous penser à des exemples de charité civique et politique ? Par exemple, surmonter l'Apartheid en Afrique du Sud.

5. Pourquoi le pape François dit-il que les soins de santé ne devraient pas se limiter à ceux qui peuvent payer pour cela ? En quoi la prévention des maladies est-elle une question publique ou communautaire, plutôt qu'une simple question privée ?

6. De quelle façon pourrions-nous utiliser la technologie pour le bien commun, plutôt que juste pour nos propres intérêts privés ?

7. Comment pourrions-nous nous réunir davantage comme communauté, surmonter la division et commencer à rétablir la confiance afin de commencer à construire un monde meilleur après la COVID ? Quels seraient vos premiers pas ?

Soins de notre maison commune et contemplation

Chers frères et sœurs, bonjour !

Pour sortir d'une pandémie, il est nécessaire de se soigner et de nous soigner mutuellement. Et il faut soutenir ceux qui prennent soin des plus pauvres, des malades et des personnes âgées. On a l'habitude de laisser de côté les personnes âgées, de les abandonner : cela n'est pas bien. Ces personnes – bien définies par le terme espagnol *"cuidadores"*, ceux qui prennent soin des malades – exercent un rôle essentiel dans la société d'aujourd'hui, même si souvent elles ne reçoivent pas la reconnaissance et la rémunération qu'elles méritent. Prendre soin est une règle d'or de notre condition d'êtres humains, et cela apporte en soi la santé et l'espérance.[1] Prendre soin de celui qui est malade, de celui qui a besoin, de celui qui est laissé de côté : c'est une richesse humaine et également chrétienne.

Ce soin, nous devons également l'apporter à notre maison commune : à la terre

---

[1] Cf. *LS*, n. 70.

et à chaque créature. Toutes les formes de vie sont liées,[2] et notre santé dépend des écosystèmes que Dieu a créés et dont il nous a chargé de prendre soin (cf. *Gn* 2, 15). En abuser, en revanche, est un grave péché qui crée des dommages, qui fait mal et qui rend malade.[3] Le meilleur antidote contre cette usage impropre de notre maison commune est la contemplation.[4] Mais comment cela se fait-il ? N'y a-t-il pas un vaccin pour cela, pour le soin de la maison commune, pour ne pas la laisser de côté ? Quel est l'antidote contre la maladie de ne pas prendre soin de la maison commune ? C'est la contemplation. « Quand quelqu'un n'apprend pas à s'arrêter pour observer et pour évaluer ce qui est beau, il n'est pas étonnant que tout devienne pour lui objet d'usage et d'abus sans scrupule ».[5] Toutefois, notre maison commune, la création, n'est pas une simple "ressource". Les créatures ont une valeur en elles-mêmes et « reflètent, chacune à sa façon, un rayon de la sagesse et bonté infinies de Dieu ».[6] Cette valeur et ce rayon

---

[2] Cf. *ibid.*, nn. 137-138.
[3] Cf. *ibid.*, n. 8 ; n. 66.
[4] Cf. *ibid.*, n. 85 ; 214.
[5] *Ibid.*, n. 215.
[6] *CEC*, n. 339.

de lumière divine doivent être découverts et, pour les découvrir, nous avons besoin de rester en silence, nous avons besoin d'écouter, et nous avons besoin de contempler. Même la contemplation guérit l'âme.

Sans contemplation, il est facile de tomber dans un anthropocentrisme déséquilibré et orgueilleux, le "moi" au centre de tout, qui surdimensionne notre rôle d'êtres humains, en nous plaçant comme les dominateurs absolus de toutes les autres créatures. Une interprétation déformée des textes bibliques sur la création a contribué à cette vision erronée, qui conduit à exploiter la terre jusqu'à l'étouffer. Exploiter la création : voilà quel est le péché. Nous croyons être au centre, en prétendant occuper la place de Dieu et, ainsi, nous détruisons l'harmonie de la création, l'harmonie du dessein de Dieu. Nous devenons des prédateurs, nous oublions notre vocation de gardiens de la vie. Certes, nous pouvons et nous devons travailler la terre pour vivre et nous développer. Mais le travail n'est pas synonyme d'exploitation, et il est toujours accompagné par le soin : labourer et protéger, travailler et prendre soin… Telle est notre mission (cf. *Gn* 2, 15). Nous ne pouvons pas prétendre continuer à grandir au niveau matériel, sans prendre soin de la maison commune qui nous accueille. Nos frères les plus pauvres et notre mère la terre gémissent à cause des dommages et de l'injustice que nous avons provoqués et ils réclament une autre route. Ils réclament de nous une conversion, un changement de route : prendre soin également de la terre, de la création.

Il est donc important de retrouver cette dimension contemplative, c'est-à-dire de regarder la terre, la création comme un don, pas comme quelque chose à exploiter pour le profit. Quand nous contemplons, nous découvrons chez les autres et dans la nature quelque chose de beaucoup plus grand que leur utilité. Le coeur du problème est là : contempler c'est aller au-delà de l'utilité d'une chose. Contempler la beauté ne veut pas dire l'exploiter : contempler est gratuité. Nous découvrons la valeur intrinsèque des choses que Dieu leur a conférée. Comme l'ont enseigné de nombreux maîtres spirituels, le ciel, la terre et la mer, chaque créature possède cette capacité iconique, cette capacité mystique de nous reconduire au Créateur et à la communion avec la création. Par exemple, saint Ignace de Loyola, à la fin de ses exercices spirituels, invite à se mettre en "contemplation pour parvenir à l'amour", c'est-à-dire à considérer comment Dieu regarde ses créatures et à se réjouir avec elles ; à découvrir la présence de Dieu dans ses créatures et, avec liberté et grâce, les aimer et en prendre soin.

La contemplation, qui nous conduit à une attitude de soin, n'est pas le fait de regarder la nature de l'extérieur, comme si nous n'y étions pas plongés. Mais nous sommes à l'intérieur de la nature, nous faisons partie de la nature. Elle se fait plutôt à partir de l'intérieur, en nous reconnaissant comme une partie de la création, en devenant des protagonistes et non de simples observateurs d'une réalité amorphe qui s'agirait seulement d'exploiter. Celui qui contemple de cette manière éprouve de l'émerveillement non seulement pour ce qu'il voit, mais également parce qu'il se sent faire partie intégrante de cette beauté ; et il se sent également appelé à la préserver, à la protéger. Et il y a une chose que nous ne devons pas oublier : celui qui ne sait pas contempler la nature, la création, ne sait pas contempler les personnes dans leur richesse. Et celui qui vit pour exploiter la nature, finit par exploiter les personnes et les traiter comme des esclaves. C'est une loi universelle : si tu ne sais pas contempler la nature, il sera très difficile que tu saches contempler les gens, la beauté des personnes, ton frère, ta soeur.

Celui qui sait contempler se mettra plus facilement à l'œuvre pour changer ce qui cause la dégradation et des dommages à la santé. Il s'engagera à éduquer et à promouvoir de nouvelles habitudes de production et de consommation, à contribuer à un nouveau modèle de croissance économique qui garantisse le respect de la maison commune et le respect pour les personnes. Le contemplatif en action tend à devenir un gardien de l'environnement : cela est beau ! Chacun de nous doit être un gardien de l'environnement, de la pureté de l'environnement, en cherchant à conjuguer les savoirs ancestraux de cultures millénaires avec les nouvelles connaissances techniques, afin que notre style de vie soit toujours durable.

Enfin, *Contempler et prendre soin* : voilà deux attitudes qui montrent la voie pour corriger et rééquilibrer notre relation d'êtres humains avec la création. Très souvent, notre relation avec la création semble être une relation entre ennemis : détruire la création à mon avantage ; exploiter la création à mon avantage. N'oublions pas que cela se paye cher ; n'oublions pas ce dicton espagnol : "Dieu pardonne toujours ; nous pardonnons parfois ; la nature ne pardonne jamais". Aujourd'hui, je lisais dans le journal une nouvelle sur ces deux grands glaciers de l'Antarctique, près de la Mer d'Amundsen : il vont tomber. Ce sera terrible, parce que le niveau de la mer montera et cela provoquera de nombreuses, nombreuses difficultés et beaucoup de mal. Et pourquoi ? A cause du réchauffement, du manque de soin de l'environnement, du manque de soin de la maison commune. En revanche, si nous avons cette relation – je me permets le mot – "fraternelle" au sens figuré avec la création, nous deviendons les gardiens de la maison commune, les gardiens de la vie et les gardiens de l'espérance, nous sauvegarderons le patrimoine que Dieu nous a confié afin que les générations futures puissent en jouir. Et certains peuvent dire : "Mais moi, je m'en tire bien comme ça". Mais le problème n'est pas comment tu t'en tires aujourd'hui – c'était ce que disait un théologien allemand, protestant, compétent : Bonhoeffer – le problème n'est pas comment tu t'en tires toi, aujourd'hui ; le problème est : quel sera l'héritage, la vie de la génération future. Pensons aux enfants, aux petits-enfants : que leur laisserons-nous si nous exploitons la création. Sauvegardons ce chemin, ainsi nous deviendrons des "gardiens" de la maison commune, des gardiens de la vie et de l'espérance. Sauvegardons le patrimoine que Dieu nous a confié, afin que les générations futures puissent en profiter. Je pense de manière particulière aux peuples autochtones, envers lesquels nous avons tous une dette de reconnaissance – et même de pénitence, pour réparer tout le mal que nous leur avons fait. Mais je pense également à ces mouvements, associations, groupes populaires, qui s'engagent pour protéger leur territoire avec ses valeurs naturelles et culturelles. Ces réalités sociales ne sont pas toujours appréciées, on leur fait même parfois obstacle, parce qu'elles ne produisent pas d'argent ; mais en réalité, elles contribuent à une révolution pacifique, nous pourrions l'appeler la "révolution du soin". Contempler pour prendre soin, contempler pour sauvegarder, nous sauvegarder, ainsi que la création, nos enfants, nos petits enfants et sauvegarder l'avenir. Contempler pour prendre soin et pour sauvegarder et pour laisser un héritage à la génération future.

Il ne faut cependant pas déléguer à certaines personnes ce qui est la tâche de chaque être humain. Chacun de nous peut et doit devenir un "gardien de la maison commune", capable de louer Dieu pour ses créatures, de contempler les créatures et de les protéger.

Audience générale, 16 septembre 2020, Cour Saint-Damase

1. Quel mot ou quelle phrase vous touche-t-il le plus lorsque vous lisez ce texte ?

2. Qu'avez-vous vu récemment qui vous a frappé par sa beauté ? Avez-vous eu le temps de vous arrêter et de le contempler ? Sinon, quels changements auriez-vous à apporter à votre style de vie afin de développer une approche plus contemplative ?

3. De quelle façon traitons-nous bien les autres créatures vivantes ? Et y-a-t-il des exemples de quand nous les traitons mal, comme s'ils n'avaient aucune valeur ?

4. Pouvez-vous penser à des exemples locaux de la façon dont la terre est exploitée au lieu d'en prendre soin (de la sauvegarder) ? Qu'en est-il globalement ?

5. De quelle façon pourriez-vous faire plus pour protéger la nature, vous et votre communauté ? Que faites-vous déjà ? Quelle serait une étape supplémentaire facile ?

6. Comment voyez-vous la relation entre contemplation et action ? L'une est-elle plus importante que l'autre ?

7. En plus de devenir vous-mêmes "gardiens de notre maison commune", quelles sont, selon vous, les meilleures façons d'encourager et d'inviter les autres à se joindre à vous ?

LA SUBSIDIARITÉ
ET LA VERTU DE L'ESPÉRANCE

Chers frères et sœurs, il semble que le temps n'est pas très beau, mais je vous dis bonjour de la même façon !

Pour sortir meilleurs d'une crise comme celle actuelle, qui est une crise sanitaire et dans le même temps une crise sociale, politique et économique, chacun de nous est appelé à assumer sa part de responsabilité, c'est-à-dire partager les responsabilités. Nous devons répondre non seulement en tant que personnes individuelles, mais également à partir de notre groupe d'appartenance, du rôle que nous avons dans la société, de nos principes et, si nous sommes croyants, de la foi en Dieu. Souvent, cependant, de nombreuses personnes ne peuvent pas participer à la reconstruction du bien commun parce qu'elles sont marginalisées, elles sont exclues et ignorées ; certains groupes sociaux ne réussissent pas à y contribuer parce qu'ils sont écrasés économiquement ou politiquement. Dans certaines sociétés, de nombreuses personnes ne sont pas libres d'exprimer leur foi et leurs valeurs, leurs idées : s'ils les expriment, ils vont en prison. Ailleurs, en particulier dans le monde occidental, beaucoup de gens auto-répriment leurs convictions éthiques ou religieuses. Mais ainsi on ne peut pas sortir de la crise, ou en tout cas on ne peut pas en sortir meilleurs. Nous en sortirons pires.

Afin que nous puissions tous participer au soin et à la régénération de nos peuples, il est juste que chacun ait les ressources adaptées pour le faire.[1] Après la grande dépression économique de 1929, le Pape Pie XI expliqua combien le *principe de subsidiarité* était important pour une vraie reconstruction.[2] Ce principe a un double dynamisme : du haut vers le bas et du bas vers le haut. Peut-être ne comprenons-nous pas ce que cela signifie, mais c'est un principe social qui nous rend plus unis.

D'un côté, et en particulier dans les temps de changement, quand les personnes individuelles, les familles, les petites associations ou les communautés locales ne sont pas en mesure d'atteindre les objectifs primaires, il est alors juste qu'interviennent les niveaux plus élevés du corps social, comme l'Etat, pour fournir les ressources nécessaires afin

---

[1] Cf. *CDSC*, n. 186.
[2] Cf. enc. *Quadragesimo anno*, nn. 79-80.

d'aller de l'avant. Par exemple, à cause du *lockdown* pour le coronavirus, de nombreuses personnes, familles et activités économiques se sont trouvées et se trouvent encore en grave difficulté, c'est pourquoi les institutions publiques cherchent à apporter leur aide à travers des interventions sociales, économiques, sanitaires appropriées : c'est leur fonction, ce qu'ils doivent faire.

D'un autre côté, cependant, les sommets de la société doivent respecter et promouvoir les niveaux intermédiaires ou mineurs. En effet, la contribution des individus, des familles, des associations, des entreprises, de tous les corps intermédiaires et également des Eglises est décisive. Ceux-ci, avec leurs ressources culturelles, religieuses, économiques ou de participation civique, revitalisent et renforcent le corps social.[3] C'est-à-dire qu'il y a une collaboration du haut vers le bas, de l'Etat central vers le peuple et d'en-bas vers le haut : des formations du peuple vers le haut. Et c'est précisément l'exercice du principe de subsidiarité.

Chacun doit avoir la possibilité d'assumer sa propre responsabilité dans les proces-

---

[3] Cf. *CDSC*, n. 185.

sus de guérison de la société dont il fait partie. Quand on démarre un projet qui concerne directement ou indirectement des groupes sociaux déterminés, ceux-ci ne peuvent pas être laissés en-dehors de la participation. Par exemple : "De quoi t'occupes-tu ? – Je vais travailler pour les pauvres – C'est bien, et que fais-tu ? – J'enseigne aux pauvres, je dis aux pauvres ce qu'ils doivent faire – Non, cela ne va pas, le premier pas est de laisser les pauvres te dire comment ils vivent, de quoi ils ont besoin : il faut laisser parler tout le monde ! Et ainsi le principe de subsidiarité fonctionne. Nous ne pouvons pas laisser ces gens en dehors de la participation ; leur sagesse, la sagesse des groupes les plus humbles ne peut pas être mise de côté.[4] Malheureusement, cette injustice a souvent lieu là où se concentrent les grands intérêts économiques ou géopolitiques, comme par exemple certaines activités d'extraction dans diverses zones de la planète.[5] Les voix des peuples autochtones, leurs cultures et leurs visions du monde ne sont pas prises en considération. Aujourd'hui, ce manque de respect du *principe de subsidiarité*

---

[4] Cf. exhort. ap. post-syn. *Querida Amazonia* [QA], n. 32 ; *LS*, n. 63.
[5] *QA*, nn. 9.14.

s'est diffusé comme un virus. Pensons aux grandes mesures d'aides financières mises en œuvre par les Etats. On écoute davantage les grandes compagnies financières que les gens ou ceux qui animent l'économie réelle. On écoute davantage les compagnies multinationales que les mouvements sociaux. Si l'on veut dire cela avec le langage des personnes communes : on écoute davantage les puissants que les faibles et ce n'est pas le chemin, ce n'est pas le chemin humain, ce n'est pas le chemin que nous a enseigné Jésus, ce n'est pas mettre en œuvre le principe de subsidiarité. Ainsi, on ne permet pas aux personnes d'être les « protagonistes de leur propre relèvement ».[6] Dans l'inconscient collectif de certains hommes politiques ou de certains syndicalistes il y a cette devise : tout pour le peuple, rien avec le peuple. Du haut vers le bas, mais sans écouter la sagesse du peuple, sans mettre en œuvre cette sagesse pour résoudre des problèmes, dans ce cas pour sortir de la crise. Ou alors pensons également à la manière de soigner le virus : on écoute davantage les grandes compagnies pharmaceutiques que les agents de santé, engagés en

---

[6] *Message pour la 106ᵉ journée mondiale du migrant et du réfugié 2020*, 13 mai 2020.

première ligne dans les hôpitaux ou dans les camps de réfugiés. Ce n'est pas une bonne voie. Tous doivent être écoutés, ceux qui sont en haut et ceux qui sont en bas, tous.

Pour mieux sortir d'une crise, le *principe de subsidiarité* doit être appliqué, en respectant l'autonomie et la capacité d'initiative de tous, en particulier des derniers. Toutes les parties d'un corps sont nécessaires et, comme le dit saint Paul, ces parties qui pourraient sembler les plus faibles et les moins importantes, sont en réalité les plus nécessaires (cf. *1 Co* 12, 22). A la lumière de cette image, nous pouvons dire que le principe de subsidiarité permet à chacun d'assumer son rôle pour le soin et le destin de la société. Le mettre en œuvre, mettre en œuvre le principe de subsidiarité donne *espérance, donne espérance* dans un avenir plus sain et juste ; et cet avenir nous le construisons ensemble, en aspirant aux choses plus grandes, en élargissant nos horizons.[7] Tous ensemble ou cela ne fonctionne pas. Ou nous travaillons ensemble pour sortir de la crise, à tous les niveaux de la société, ou nous n'en sortirons jamais. Sortir de la crise ne signifie pas donner un coup de peinture aux

---

[7] Cf. *Discours aux jeunes du centre culturel Père Félix Varela*, La Havane – Cuba, 20 septembre 2015.

situations actuelles pour qu'elles semblent un peu plus justes. Sortir de la crise signifie changer, et le vrai changement est fait par tout le monde, par toutes les personnes qui forment le peuple. Toutes les professions, tous. Et tous ensemble, tous en communauté. Si tout le monde ne le fait pas, le résultat sera négatif.

Dans une précédente catéchèse nous avons vu que la *solidarité* est la voie pour sortir de la crise : elle nous unit et nous permet de trouver des propositions solides pour un monde plus sain. Mais ce chemin de solidarité a besoin de la *subsidiarité*. Quelqu'un pourrait me dire : "Mais père, aujourd'hui vous parlez avec des paroles difficiles !". C'est pour cette raison que je cherche à expliquer ce que cela signifie. Solidaires, pour que nous allions sur la voie de la subsidiarité. En effet, il n'y a pas de vraie solidarité sans participation sociale, sans la contribution des corps intermédiaires : des familles, des associations, des coopératives, des petites entreprises, des expressions de la société civile. Tous doivent contribuer, tous. Cette participation aide à prévenir et à corriger certains aspects négatifs de la mondialisation et de l'action des Etats, comme cela se produit également dans le soin des personnes frappées par la pandémie. Ces contributions "d'en-bas" doivent être encouragées.

Mais comme il est beau de voir le travail des bénévoles pendant la crise. Les bénévoles qui viennent de tous les milieux sociaux, les bénévoles qui viennent des familles les plus aisées et qui viennent des familles les plus pauvres. Mais tous, tous ensemble pour s'en sortir. Telle est la solidarité et tel est le principe de subsidiarité.

Pendant le *lockdown* est né spontanément le geste d'applaudir les médecins et les infirmiers et les infirmières, en signe d'encouragement et d'espérance. De nombreuses personnes ont risqué la vie et beaucoup ont donné la vie. Etendons cet applaudissement à chaque membre du corps social, à tous, à chacun, pour sa précieuse contribution, même petite. "Mais que pourra-t-il faire là-bas celui-là ? – Ecoute-le, laisse-lui de l'espace pour travailler, consulte-le". Applaudissons ceux qui sont "exclus", ceux que cette culture qualifie d'"exclus", cette culture du rebut, applaudissons donc les personnes âgées, les enfants, les porteurs de handicap, applaudissons les travailleurs, tous ceux qui se mettent au service. Tous collaborent pour sortir de la crise. Mais ne nous arrêtons pas seulement à l'applaudissement ! L'*espérance* est audace, et alors encourageons-nous à rêver en grand. Frères et sœurs apprenons à rêver en grand !

N'ayons pas peur de rêver en grand, en cherchant les idéaux de justice et d'amour social qui naissent de l'espérance. N'essayons pas de reconstruire le passé, le passé est passé, des choses nouvelles nous attendent. Le Seigneur a promis : "Je ferai toutes les choses nouvelles". Encourageons-nous à rêver en grand en cherchant ces idéaux, n'essayons pas de reconstruire le passé, en particulier celui qui était injuste et déjà malade. Construisons un avenir où la dimension locale et celle mondiale s'enrichissent mutuellement, – chacun peut y mettre du sien, chacun doit y mettre du sien, sa culture, sa philosophie, sa façon de penser –, où la beauté et la richesse des groupes mineurs, également des groupes exclus, puisse fleurir car là aussi se trouve la beauté, et où celui qui a davantage s'engage à servir et à donner plus à celui qui a moins.

Audience générale, 23 septembre 2020, Cour Saint-Damase

RÉFLEXIONS DE CATÉCHÈSE

1. Quel mot ou quelle phrase vous touche-t-il le plus lorsque vous lisez ce texte ?
2. Connaissez-vous le principe de "subsidiarité" ? Le Pape explique l'exercice de ce prin-

cipe comme "une collaboration du haut vers le bas, de l'Etat central vers le peuple et du bas vers le haut : des formations du peuple vers le haut". Pouvez-vous vous rappeler un exemple dans lequel l'État a aidé une communauté en état d'urgence dans votre pays ? Pouvez-vous mentionner quelques institutions nées d'initiatives privées qui aident les gens ou contribuent au bien commun là où l'État ne parvient pas ?

3. Qu'est-ce que votre gouvernement a offert pour aider les personnes en grave difficulté pendant le confinement ? Était-ce suffisant ? Trop ? Espériez-vous plus d'aide ? Et si oui, qu'aurait-on pu faire ?

4. Quels sont les groupes marginalisés, exclus ou ignorés dans votre société ? Qui est exclu des prises de décision de haut niveau ? S'agit-il de communautés noires et minorités ethniques ? Femmes ? Immigrants et réfugiés ? Travailleurs peu rémunérés et chômeurs ? Comment pouvons-nous nous assurer que la voix de chacun soit entendue lorsque nous prenons de grandes décisions ?

5. Qu'avez-vous fait, vous, votre famille et votre communauté pour aider les autres pendant la pandémie ? Lesquelles de vos activités sont-elles les plus utiles selon

vous ? Qu'est-ce qui d'après vous, empêche un plus grand nombre de personnes de s'impliquer dans le soutien communautaire local ?

6. Le pape François suggère que les grandes entreprises sont beaucoup plus écoutées que les travailleurs ordinaires et les mouvements sociaux. Pouvez-vous penser à des exemples de ce qui se passe dans votre pays ? Pouvez-vous penser à des exemples où les personnes en « première ligne » des hôpitaux, des maisons de soins et des camps de réfugiés ont pu faire entendre leur voix ? Comment ont-elles fait ? Que pourrions-nous apprendre d'elles ?

7. En quoi le monde était-il déjà injuste avant la COVID-19 ? Que souhaitez-vous ramener du monde d'avant COVID-19 et que voulez-vous changer ?

Préparer l'avenir

Chers frères et sœurs, bonjour !

Ces dernières semaines, nous avons réfléchi ensemble, à la lumière de l'Evangile, sur la façon de guérir le monde qui souffre d'un malaise que la pandémie a souligné et accentué. Il y avait un malaise : la pandémie l'a souligné davantage, l'a accentué. Nous avons parcouru les voies de la *dignité*, de la *solidarité* et de la *subsidiarité*, des voies indispensables pour promouvoir la dignité humaine et le *bien commun*. Et en tant que disciples de Jésus, nous nous sommes proposés de suivre ses pas *en optant pour les pauvres, en repensant l'usage des biens* et *en prenant soin de la maison commune*. Au milieu de la pandémie qui nous frappe, nous nous sommes ancrés aux principes de la *doctrine sociale de l'Eglise*, en nous laissant guider *par la foi, par l'espérance et par la charité*. Nous avons trouvé là une aide solide pour être des agents de transformation qui rêvent en grand, qui ne s'arrêtent pas aux mesquineries qui divisent et blessent, mais qui encouragent à engendrer un monde nouveau et meilleur.

Je voudrais que ce chemin ne finisse pas avec mes catéchèses, mais que nous puissions continuer à avancer ensemble, « en gardant le regard fixé sur Jésus » (*He* 12, 2), comme nous avons entendu au début ; le regard sur Jésus qui sauve et guérit le monde. Comme nous le montre l'Evangile, Jésus a guéri des malades de tous les types (cf. *Mt* 9, 35), il a rendu la vue aux aveugles, la parole aux muets, l'ouïe aux sourds. Et quand il guérissait les maladies et les infirmités physiques, il guérissait aussi l'esprit en pardonnant les péchés, parce que Jésus pardonne toujours, ainsi que les "douleurs sociales" en incluant les exclus.[1] Jésus, qui renouvelle et réconcilie chaque créature (cf. 2 *Co* 5, 17 ; *Col* 1, 19-20), nous offre les dons nécessaires pour aimer et guérir comme Il savait le faire (cf. *Lc* 10, 1-9 ; *Jn* 15, 9-17), pour prendre soin de tous sans distinctions de race, de langue ou de nation.

Afin que cela arrive réellement, nous avons besoin de contempler et d'apprécier la beauté de chaque être humain et de chaque créature. Nous avons été conçus dans le cœur de Dieu (cf. *Ep* 1, 3-5). « Chacun de nous est le fruit d'une pensée de Dieu. Chacun de nous

---

[1] Cf. *CEC*, n. 1421.

est voulu, chacun de nous est aimé, chacun est nécessaire ».[2] En outre, chaque créature a quelque chose à nous dire du Dieu créateur.[3] Reconnaître cette vérité et rendre grâce pour les liens intimes de communion universelle avec toutes les personnes et avec toute les créatures, met en œuvre « une protection généreuse et pleine de tendresse ».[4] Et nous aide également à reconnaître le Christ présent dans nos frères et sœurs pauvres et qui souffrent, à les rencontrer et à écouter leur cri et le cri de la terre qui s'en fait l'écho.[5]

Intérieurement mobilisés par ces cris qui réclament que nous prenions une autre route,[6] qui réclament que nous changieons, nous pourrons contribuer à la guérison des relations avec nos dons et nos capacités.[7] Nous pourrons régénérer la société et ne pas revenir à la soi-disant "normalité", qui est une normalité malade, et d'ailleurs malade depuis même avant la pandémie : la pandémie l'a soulignée ! « A présent revenons à

---

[2] BENOÎT XVI, *Homélie pour le début du ministère pétrinien*, 24 avril 2005 ; cf. Enc. *LS*, n. 65.
[3] Cf. *LS*, n. 69. 239.
[4] *Ibid.*, n. 220.
[5] Cf. *ibid.*, n. 49.
[6] Cf. *ibid.*, n. 53.
[7] Cf. *ibid.*, n. 19.

la normalité » : non, cela ne va pas, car cette normalité était malade d'injustices, d'inégalités et de dégradation environnementale. La normalité à laquelle nous sommes appelés est celle du Royaume de Dieu, où « les aveugles voient et les boiteux marchent, les lépreux sont guéris et les sourds entendent, les morts ressuscitent et la bonne nouvelle est annoncée aux pauvres » (*Mt* 11, 5). Et que personne ne fasse l'innocent en regardant d'un autre côté. C'est ce que nous devons faire, pour changer. Dans la normalité du Royaume de Dieu, le pain arrive à tous et il en reste, l'organisation sociale se base sur la contribution, le partage et la distribution, pas sur la possession, l'exclusion et l'accumulation (cf. *Mt* 14, 13-21). Le geste qui fait avancer une société, une famille, un quartier, une ville, tout le monde, est celui de se donner, de donner ; ce n'est pas faire l'aumône, mais c'est une manière de se donner qui vient du cœur. Un geste qui éloigne l'égoïsme et l'angoisse de posséder. Mais la manière chrétienne de faire cela n'est pas une manière mécanique : c'est une manière humaine. Nous ne pourrons jamais sortir de la crise que la pandémie a soulignée, mécaniquement, avec de nouveaux instruments – qui sont très importants, qui nous font aller de l'avant et dont il ne faut pas avoir peur – en sachant que pas même les moyens les plus sophistiqués pourront faire beaucoup de choses, mais il y a une chose qu'ils ne pourront pas faire : donner de la tendresse. Et la tendresse est le signal propre de la présence de Jésus. Cette manière de s'approcher de son prochain pour marcher, pour guérir, pour aider, pour se sacrifier pour l'autre.

Cette normalité du Royaume de Dieu est donc importante : que le pain arrive à tous, que l'organisation sociale se base sur la contribution, le partage, la distribution, avec tendresse, pas sur la possession, l'exclusion et l'accumulation. Car à la fin de notre vie nous n'emporterons rien dans l'autre vie !

Un petit *virus* continue à causer des blessures profondes et démasque nos vulnérabilités physiques, sociales et spirituelles. Il a mis à nu la grande inégalité qui règne dans le monde : l'inégalité des opportunités, des biens, de l'accès à la santé, à la technologie, à l'éducation : des millions d'enfants ne peuvent pas aller à l'école, et la liste continue ainsi. Ces injustices ne sont pas naturelles ni inévitables. Elles sont l'œuvre de l'homme, elles proviennent d'un modèle de croissance détaché des valeurs plus profondes. Le gaspillage des restes d'un repas : avec ce gaspillage on peut donner à manger à tous. Et cela a fait perdre l'espérance à de nombreuses personnes et a augmenté l'incertitude et l'angoisse. C'est pourquoi, pour sortir de la pandémie, nous devons trouver le remède non seulement pour le *coronavirus* – qui est important ! – mais également pour les grands *virus* humains et socio-économiques. Il ne faut pas les cacher, en passant un coup de peinture pour qu'ils ne se voient pas. Et assurément nous ne pouvons pas nous attendre à ce que le modèle économique qui est à la base d'un développement inique et non durable résolve nos problèmes. Il ne l'a pas fait et il ne le fera pas, parce qu'il ne peut pas le faire, même si certains faux prophètes continuent à promettre "l'effet en cascade" qui n'arrive jamais.[8] Peut-être avez-vous entendu parler du théorème du verre : l'important est que le verre se remplisse et ainsi le contenu se répand sur les pauvres et sur les autres, et ils reçoivent des richesses. Mais il se produit un phénomène : le verre commence à se remplir et quand il est presque plein, il grandit, il grandit et grandit encore, et la cascade n'a jamais lieu. Il faut faire attention.

Nous devons nous mettre à travailler urgemment pour générer de bonnes politiques,

---

[8] *"Trickle-down effect"* en anglais, *"derrame"* en espagnol ; cf. Exhort. ap. *EG*, n. 54.

définir des systèmes d'organisation sociale où soient récompensés la participation, le soin et la générosité, plutôt que l'indifférence, l'exploitation et les intérêts particuliers. Nous devons avancer avec tendresse. Une société solidaire et équitable est une société plus saine. Une société participative – où les "derniers" sont tenus en considération comme les "premiers" – renforce la communion. Une société où l'on respecte la diversité est beaucoup plus résistante à tout type de virus.

Plaçons ce chemin de guérison sous la protection de la Vierge Marie, Mère de la Santé. Que Celle qui porta Jésus dans son sein nous aide à être confiants. Animés par l'Esprit Saint, nous pourrons travailler ensemble pour le Royaume de Dieu que le Christ a inauguré dans ce monde, en venant parmi nous. C'est un Royaume de lumière au milieu de l'obscurité, de justice au milieu des nombreux outrages, de joie au milieu des multiples douleurs, de guérison et de salut au milieu des maladies et de la mort, de tendresse au milieu de la haine. Que Dieu nous accorde de "viraliser" l'*amour* et de mondialiser *l'espérance* à la lumière de la *foi*.

Audience générale, 30 septembre 2020, Cour Saint-Damase

1. Quel mot ou quelle phrase vous touche-t-il le plus lorsque vous lisez ce texte ?

2. Quel texte de l'Écriture enflamme le plus votre passion pour guérir le monde ? Quelle parabole ou autre récit de l'Évangile met vraiment le feu en votre cœur ?

3. Qu'est-ce que cela signifierait dans votre propre vie d''"opter pour les pauvres, repenser l'utilisation des biens, et le soin pour la création" ? Quelles seront vos premières étapes pratiques alors que vous vous engagez une fois de plus à suivre les traces de Jésus ?

4. Comment vous sentez-vous quand vous lisez que vous êtes "recherché, aimé et essentiel" ? Que pourriez-vous faire pour vous assurer que toute personne sache qu'elle est recherchée, aimée et essentielle ?

5. On parle beaucoup d'une "nouvelle normalité". Avez-vous vu des signes que cette nouvelle normalité puisse être plus juste, plus équitable et plus durable ?

6. Le pape François suggère que les anciens modèles et systèmes économiques n'ont pas apporté ce dont les plus pauvres et les plus vulnérables ont besoin, ni protégé la belle création de Dieu. Pouvez-vous ima-

giner un nouveau type de système économique ? Qu'est-ce qu'il faudrait proposer
vous, pour les gens de votre communauté
et pour notre monde merveilleux et pré-
cieux ?

7. À la fin de cette catéchèse, nous demandons
la protection de la Vierge Marie. Quelle est
votre prière pour le monde d'aujourd'hui ?

INDEX